Artemio Baigorri

Ramón Fernández, Mar Chaves

Hacia la Sociedad Telemática

(Elementos de Sociología de Internet)

La Ciencia de la Sociedad

2001 / 2007 / 2023

Artemio Baigorri, Ramón Fernández, Mar Chaves

ISBN: 9798871345610

Índice

Presentación

El texto que ahora se presenta tiene ya unos años. En la portadilla aparecen tres años distantes entre sí: 2001, 2007 y 2023. La razón es que fue escrito en 2007, y para publicarlo ahora sólo he hecho algunas correcciones gramaticales o de estilo (no todas, como se verá) y resuelto alguna errata. Ni se han actualizado datos, cuando los hay, ni mucho menos se han modificado los presupuestos teóricos o conclusiones. Es, tal cual, el libro que debió ser no ya en 2007, cuando adquirió su forma actual, sino en realidad en 1999, como se recoge en el Anexo. Y que no lo fue porque otras urgencias (y por qué no decirlo, también otras formas diversas de procrastinar) ocuparon mi tiempo.

Algunas partes, fruto de investigaciones, fueron presentadas como comunicaciones a Congresos, siendo la más significativa la comunicación sobre *"Luces y sombras de las Nuevas Tecnologías de la Información. Elementos para un análisis crítico de la red"* que presenté en el Congreso Internacional "Retos de la alfabetización tecnológica en un mundo en red", celebrado en Cáceres (España) en noviembre de 2000. Otras fueron conferencias, o fueron publicadas en libros y revistas, a partir de 1998. Todos esos trabajos están desde el principio colgados en mi página web, ósea ya accesibles al público desde hace muchos años.

Pero el núcleo central recoge la "lección", el último ejercicio que se realiza en las oposiciones a Profesor Titular de Universidad (sigue siendo así en la actualidad).

Primero se presenta el currículum ante el tribunal, que decide quién pasa a la siguiente prueba (o si pasa el único concursante)[1]. Después se expone lo que se llama el proyecto docente (sobre qué se impartirá docencia, y cómo se planea hacerlo), así como se presenta una especie de relato de cómo tu currículo investigador se integra en el perfil de la plaza convocada, y cómo piensas contribuir a afianzar la investigación en ese departamento y centro al que se adscribe la plaza (ahora también suele presentarse un proyecto de investigación concreto).

Ese proyecto docente sí terminó viendo la luz como libro (aunque autoeditado como este, para evitar recorridos innecesarios y abusos) porque entendía que podía ser útil a otros que se enfrentasen a esa prueba. Yo no sólo no había tenido padrinos, sino que ni siquiera había podido contado con el proyecto docente de alguien (como es habitual) para guiarme sobre cómo hacerlo. Prácticamente hube de inventármelo todo de cero, y creí que publicar el mío ayudaría a otros que se encontrasen en mi situación. Aunque me costó encontrar tiempo, finalmente lo publiqué en 2011 con el título de "Enseñando Sociología a profa-

---

[1] O concurre, pero al final no se atreve a presentarse a la prueba, como ocurrió en la mía. Como no tenía padrinos (catedráticos protectores), dos personas que sí los tenían (que según costumbre podían "llamar" a los miembros del tribunal para beneficiar a su pupilo o pupila, lo que se llama "hacer la cama" al candidato local) firmaron inicialmente la plaza, y al menos uno de ellos contaba, según supe, incluso con una íntima amiga en el tribunal. La catedrática presidenta del tribunal tuvo la honradez de no dejarse influir por los intercesores, pero no era el caso de otros miembros del tribunal. Por eso mi única defensa efectiva era tener publicado mi currículum (*tienes una página web, cuelga tu CV y que vean a quién se enfrentarán*", me recomendó un profesor amigo). Finalmente, ninguno se atrevió.

nos", en Lulu Press, una de las primeras plataformas de autoedición.

Y finalmente, en la última prueba del concurso-oposición, viene "la lección", esto es una clase magistral y debate de uno de los temas del programa docente planteado.

La verdad es que el tribunal no se enteró de nada, porque casi todos ellos/ellas vivían/viven en la Era de las Chimeneas, a pesar de que algunas (cuatro de cinco fueron mujeres) eran de mi edad, y después de aquello sí que se aplicaron algo en las NTIC. Pero en aquel acto alguna dijo incluso que se había mareado con *"tantos colorines"*, tantas imágenes animadas, fragmentos de películas, aunque en realidad mis powerpoints (entonces presentaciones, pues aún trabajaba con la suite de WordPerfect) siempre han sido evitado los barroquismos. Pobre, supongo que esperaba hacerme daño con aquella declaración de su propia obsolescencia, pero sólo despertó pena; no incido más porque he buscado su nombre escribiendo estas líneas, y he descubierto que se ha suicidado hace unos meses.

Pero como tampoco estaban allí para aprender, sino para lo que estaban, la verdad es que tampoco me frustró su poco aprovechamiento.

Mis alumnos, por el contrario, y todos los compañeros del área de Sociología que han utilizado luego estos mismos materiales, creo que han obtenido mayor aprovechamiento del contenido en los años siguientes. Pues se han utilizado para cubrir la parte teórica del último tema del programa de Sociología General, ya que ninguno de los manuales existentes me parecía que lo cubriese adecuadamente.

En el verano de 2003 tuve ocasión de debatir el documento central con un interesante grupo multidisciplinario de expertos en Cibercultura, coordinado por los profesores Marcel Dascal, de la Universidad de Tel Aviv y Manuel Gutiérrez Estévez y Jaime de Salas, de la Universidad Complutense de Madrid, reunidos por la Fundación Duques de Soria.

De forma que estuvo el libro casi preparado para su publicación en 2006, con el título de So-

ciología de Internet, y al poco ya creí que la obsolescencia le amenazaba, con lo que me fue dando
cada vez más pereza. Porque creía que, si en el
cambio de siglo el texto habría sido bastante no-
vedoso, pasada la primera década ya no era tanto.
Así que me dije que algún día ampliaría todo
aquello, completaría y lo convertiría en un auténtico tratado de Sociología de Internet.

¡Algún día...! Vanas ilusiones, habida cuenta
de cómo la cotidianidad nos empuja a dedicar los
esfuerzos en direcciones bien distintas cada año
(hoy es el *botellón* y el ocio juvenil, la *placenta social*, la Sociedad 24 horas, mañana la educación
secundaria, pasado la educación infantil, al otro
los conflictos ambientales, el cambio climático, el
consumo de alcohol y drogas, las generaciones,
entretanto nuevas asignaturas que preparar, un
programa de doctorado virtual, todo lo demás...).
Son las consecuencias indeseadas (asumidas,
aunque no por ello menos duras) del rechazo a la
super especialización, fruto de compartir la máxima de Terencio recuperada por Nietzsche:
"Hombre soy, y nada humano me es ajeno".

Fue un craso error, porque incluso hoy, al re-
visarlo, encuentro que sigue siendo plenamente
vigente para ayudar a comprender muchos de los
cambios tecnológicos, sociales o económicos que
hemos vivido en las últimas tres décadas.

De forma que, viendo que el tiempo pasa sin
encontrar fragmentos de esa misma sustancia
(tiempo) para aplicarme a completarlo, he optado
por sacar a la luz tal y como están, incluso algo
obsoletas en algunos datos (lo que como verá el
lector, en modo alguno invalida las interpretaciones propuestas), estas páginas. Pues habiendo

observado ya, hace muchos años, plagios de ciertos fragmentos[2], es bueno que quede constancia del original conjunto.

En cualquier caso, incorporo un texto que aún no se había publicado en castellano, aunque sí se había avanzado alguna versión como comunicaciones a congresos. Se trata justamente de uno de los primeros trabajos de Sociología de Internet aplicada que tuvimos ocasión de realizar, sobre el impacto del analfabetismo digital entre los mayores y las políticas desarrolladas en España sobre la materia. Es un trabajo realizado con la profesora Mar Chaves Carrillo, que ya había visto la luz en inglés en un volumen sobre incorporación de los mayores a la Sociedad Telemática, coordinado por la profesora Birgit Jaeger, de la Roskilde University[3]. Así como otro texto, ya ampliamente divulgado, sobre la fractura digital en la Universidad, realizado con el profesor Ramón Fernández Diaz.

También he incorporado otro texto previamente publicado que se ocupa de otro aspecto en el que la Sociología de Internet aplicada ha de tener mucho que decir: la virtualización de la ense-

---

[2]La más sangrante apropiación la encuentro en el trabajo *"Una aproximació des de la perspectiva cibersociològica a l'estudi de la Xarxa"*, de Israel Aragay Iglésias y Juan Manuel Franco Sánchez, publicado en la Revista Catalana de Sociologia, 19 (2003), p. 73-97. En el que utilizan sin permiso (y sin citar) varias páginas completas de mis primeros trabajos sobre Internet. A pesar de que informé a la revista y a la Asociación Catalana de Sociología que la sustentaba, nunca se molestaron en levantar aquel artículo plagiado, que aún sigue en la web. Un índice de calidad de la revista y de la asociación.

[3] "The digital literacy of older citizens in Extremadura (Spain)" se recoge en B. Jaeger, ed., Young Technologies in Old Hands, DJOF Publishing, Copenhague, 2005, pp. 137-258

ñanza. El texto trata justamente sobre la universidad virtual[4]. Así como un anexo que recoge el proyecto original de libro sobre Cibersociología.

Por otra parte, me parece importante resumir las razones que alegué en su momento para dedicar la "lección", la clase magistral del concurso-oposición a Profesor Titular, a este tema. Probablemente fuese la primera vez que, al menos en España, se escogiese en una plaza de Sociología, y de hecho como he dicho casi molestó al analógico tribunal que me tocó en suerte.

La lección correspondía al entones tema 15 del programa de Sociología General (*Mirando hacia el futuro con imaginación sociológica: hacia la Sociedad Telemática*) con el que concluía el curso, describiendo las principales tendencias que definen a una sociedad en acelerado proceso de cambio. Se estructuraba en cuatro partes, temas o lecciones, claramente diferenciadas, que se correspondían a las cuatro horas previstas en el programa docente para su impartición[5].

En el tema anterior se han explicado las teorías sobre el Cambio Social, y por ello en la primera parte se discute el concepto de prognosis, esto es la capacidad de las ciencias sociales para, sobre la base de la evolución conocida, así como del conocimiento de las tendencias recientes, hacer pronósticos, diseñar escenarios posibles, en suma futuribles, sobre el desarrollo futuro de la sociedad. Con el objetivo de establecer una clara distinción entre la predicción científica, con sus limitadas posibilidades, y los pronósticos que,

---

[4]A. Baigorri, 'Hacia la Universidad virtual', en Puertas a la lectura, núm. 12/13, 2001, pp. 14-18
[5] Todavía no había llegado la infame adaptación al Plan Bolonia. Las asignaturas duraban un curso académico completo, y las clases eran de una hora.

fruto de la imaginación creativa, derivan en imágenes bien utópicas, bien distópicas del futuro.

La segunda parte trata sobre la naturaleza de la sociedad emergente, señala los más recientes avances tecnológicos, y describe su impacto en las estructuras sociales, centrándose en cuatro tópicos fuertemente representativos de la dinámica del cambio social: la socialización, la familia, el género y la política.

La tercera se centra en el epifenómeno que entendía entonces como más impactante en el imaginario popular de la Sociedad Telemática: la globalización. Se explica fundamentalmente como tendencia histórica, y se detallan las características que viene adquiriendo, y sus efectos, en dos aspectos esenciales para el alumnado de las titulaciones en que se imparte la asignatura: la Economía y el Trabajo.

Finalmente, la última sesión abordaba el fenómeno social que constituye el alimentador de los cambios sociales que se están produciendo, y que se instituye también, en la medida en que explica y contiene los elementos de la nueva sociedad, en la verdadera naturaleza de la Sociedad Telemática: la Internet o, como popularmente la denominamos en español y así la denominaré, Internet.

Con ello terminamos el curso de introducción a la Sociología General dirigiendo los ojos de los alumnos, desde el conocimiento del presente, hacia el mañana. Los objetivos específicos que espero alcanzar (competencias específicas que se dice ahora) son que sean capaces de comprender la triple significación de Internet como tecnología, como organización (con sus dimensiones formal e informal), y como institución; que puedan debatir con argumentos racionales basados en el conocimiento científico sobre los efectos de Internet en la sociedad; y que sean capaces de identificar y describir los principales problemas sociales que pueden observarse en Internet como hecho social.

Las razones por las que escogí esa lección, expliqué al tribunal, eran diversas. La primera es que, en una región periférica, infraestructuralmente peor dotada, y que ha llegado tarde a la Revolución Industrial, las Nuevas Tecnologías de la Información adquieren una especial importancia como instrumento de superación del atraso económico y social, por cuanto permiten superar las limitaciones espaciales. Con la elección de este tema, obviamente, quería poner de manifiesto mi implicación en la reflexión colectiva sobre el desarrollo de la región, tema sobre el que había publicado varios artículos de opinión en la prensa regional.

La segunda razón era que, a pesar de ser tan reciente su popularización, Internet se había constituido, casi de forma inmediata, en objeto de estudio para las ciencias sociales. Probablemente se trate del hecho social que más rápidamente ha ganado la atención de la investigación social (aunque luego, pero eso quedará para otros trabajos, propios o ajenos, lo cierto es que en particular la Sociología no ha sido muy productiva con el tema).

Lógicamente, las Ciencias de la Información y la Comunicación fueron las adelantadas en esa preocupación, pero la Antropología Cultural y la Psicología Social se adentraron también rápidamente en su estudio. En el impreciso campo de los Estudios Culturales, Internet era en ese momento uno de los principales tópicos, si no el más importante, a nivel internacional. En el caso de la Sociología el aterrizaje estaba siendo mucho más lento, pero desde principios de la última década del siglo venían acumulándose investigaciones, generalmente difundidas en la propia red y no por las vías tradicionales de la comunicación académica, y desde mediados de la década asistíamos por un lado a la entrada de Internet como materia de estudio sociológico en las aulas (desde 1995 se ofrecían cursos de Sociología de Internet en universidades norteamericanas), y por otro lado a una creciente bibliografía, aunque todavía es casi inexistente en español.

La tercera razón descansaba en mi convicción, señalada en el Proyecto Docente, sobre la necesaria vinculación entre investigación y docencia, en el sentido en que la primera debe alimentar los contenidos de la segunda. Y entendía que justamente éste era una de mis líneas de investigación cuyos resultados eran más fácilmente transferibles a la docencia.

En este sentido, y esta era la última razón, pero no la menos importante, se trataba de un tema que, por su propia naturaleza novedosa (no olvidemos que, aunque nos parezca algo tan cotidiano como el teléfono o los libros, Internet sólo estuvo accesible a través de las líneas telefónicas en 1996, apenas cuatro años antes), apenas estaba presente en los manuales de la época, y aún en los pocos en los que citaba no llega a atisbarse todavía su importancia real. De ahí que considerase, a la hora de diseñar el Proyecto Docente, la conveniencia de elaborar un documento que, con independencia de la bibliografía complementaria apuntada en el mismo, sirviese de material de estudio.

Primera Parte: Conceptualizando Internet como hecho social

Un marco conceptual

Es una evidencia que el Cambio Social existe, se produce continuamente, con independencia de que intentemos comprenderlo con teorías evolucionistas o creacionistas (en el creacionismo sociológico, Dios ha sido sustituido por el individuo). Basta, para convencerse de ello, prestar atención a datos como los que se reflejan en el siguiente gráfico.

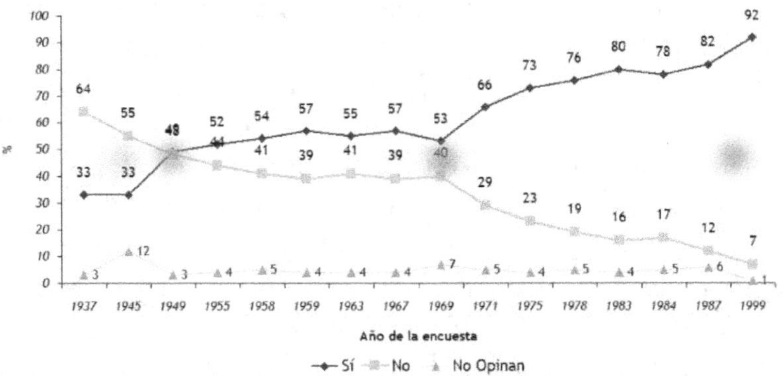

En esta serie construida por el Instituto Gallup con los resultados de esa pregunta, planteada una y otra vez durante casi todo el siglo XX en encuestas realizadas en los Estados Unidos, observamos dos hechos claros. En primer lugar, vemos una tendencia secular: el porcentaje de personas dispuestas a votar a una mujer como presidenta si está bien cualificada[6]. Las teorías de la

---

[6]La pregunta es capciosa, pues es evidente que no todos los

modernización serían probablemente una buena explicación, entre otras[7]. Sin embargo, el gráfico nos muestra algo más; nos apunta tres momentos históricos que son puntos de inflexión de las curvas, en la medida en que se producen saltos que, sin romper la tendencia, la aceleran.

El primero inmediatamente después de la II Guerra Mundial; el siguiente a finales de los años '60; y el último en los años '90. En esos momentos observamos que la *velocidad del cambio* se incrementa de alguna manera: las actitudes favorables a la consideración de la mujer en igualdad de condiciones que el hombre crecen más rápidamente tras esos momentos.

¿Por qué se producen esas situaciones? Las interpretaciones pueden ser tan variadas como diversos son los paradigmas sociológicos. Y la realidad es que responden no a una causa única, sino al producto de la interacción entre vectores de cambio bien distintos, entre los cuales la lucha de las propias mujeres por sus derechos es, por supuesto, uno más. Pero no el único, ni siquiera el más determinante a mi juicio.

A lo largo del primer tercio del siglo XX la sociedad norteamericana asistió a una progresiva incorporación de las mujeres al trabajo remunerado, determinada entre otros factores por el crecimiento de los aspectos organizativos de la producción. Pero es que, además, durante la II Guerra Mundial, las mujeres americanas tuvieron que hacerse cargo de buena parte del aparato

---

hombres elegidos como presidentes han sido personas cualificadas, pero ese es otro tema.

[7]El gráfico correspondiente a la misma pregunta, pero sustituyendo la palabra *mujer* por *negro*, sigue casi exactamente la misma tendencia.

productivo, y ya no sólo en empleos administrativos, sanitarios o educativos subalternos, porque millones de jóvenes americanos marcharon al frente, y murieron allí.

Sin embargo, todo eso no hubiera sido suficiente si dos tecnologías de la información no hubiesen facilitado la difusión y potenciación de esas *capacidades* recién descubiertas en las mujeres: la radio y el cine.

Pensemos en el segundo momento, a finales de los años '60. Seguramente en el salto que se produce entonces sea en el que la propia acción de los movimientos feministas, al abrigo de las luchas por los derechos civiles que se desencadenan en aquella década, haya sido más determinante. Sin embargo, pensemos de nuevo en algunos aspectos estructurales, como el *boom* económico y el surgimiento de nuevos motores de la economía, como la industria del automóvil y la de los electrodomésticos de consumo. Estos, ciertamente, siguen liberando a las mujeres de pesadas tareas domésticas, facilitándoles su salida a la calle. Pero ambos sectores, y el conjunto de la industria de consumo, necesitan de nuevo de toda la fuerza de trabajo disponible. Y debemos pensar también, de nuevo, en el vector informacional: ¿qué influencia atribuimos al medio de comunicación de masas que caracteriza a aquella época, la televisión, como difusor de las nuevas ideas y actitudes, de los movimiento de rebelión femenina, de los logros de las mujeres en los diversos campos de la producción, el conocimiento y la creación?

Pero vengamos más cerca en el tiempo, y pensemos en el tercer y último salto incremental, que se produce entre finales de los '90 y el fin de siglo. No cabe duda de que en la última década del siglo XX diversos acontecimientos han favorecido los cambios actitudinales. Se han celebrado conferencias internacionales, como la de Pekín, que han proyectado la imagen y las reivindicaciones de las mujeres; se ha visto ya acceder a altísimas responsabilidades de gobierno, incluso en los propios Estados Unidos, precisamente a no pocas mujeres. Pero pensemos también, una vez más, en los aspectos infraestructurales, y en los procesos de difusión de la información.

Así, pensemos en que la recuperación de la última crisis económica, de lo que se ha llamado la *crisis del fordismo*, viene de la mano de cambios organizativos que implican sistemas de gestión y liderazgo para los que, por su socialización, los hombres no están bien preparados, y sí las mujeres. Pensemos en el hundimiento de la economía industrial, y el subsiguiente crecimiento de la economía de servicios, para la que las mujeres parecen estar más preparadas que los hombres.

Pero pensemos también, de nuevo, en el factor informacional; en el desarrollo de las telecomunicaciones, que facilita la integración de las mujeres en redes de difusión de sus reivindicaciones y de apoyo mutuo. Pensemos en el diferente impacto en las conciencias, y en suma en las actitudes, que todo lo que ha supuesto el antes, el durante y el después de la Conferencia de Pekín hubiera supuesto, en los últimos años, de no existir Internet.

Podríamos decir, por tanto, que, dentro de una tendencia evolutiva general, hay momentos en los que la velocidad del cambio se incrementa.

Pero hemos visto la dificultad para apuntar a una explicación única de esos cambios. Los paradigmas tradicionales de tipo mecanicista han buscado siempre un *deus ex machina*, un único factor que determine, a veces incluso teleológicamente, la Historia, y en cierto modo tranquilice las almas: la lucha de clases, la tecnología, las ideas, la codicia de los hombres y los pueblos, los recursos naturales, etc. Y la incapacidad de esos modelos para explicar tantos de los procesos contemporáneos, para darle *un* sentido a la Historia, ha llevado a buena parte de la intelectualidad de las sociedades avanzadas al descreimiento de la Ciencia, incluso a la melancolía de no querer comprender.

El problema estriba en la dificultad para asumir que la Historia, si es que tiene algún sentido, tiene muchos: exactamente los que queramos darle los seres humanos. Porque no hay un *deus ex machina*, sino varios, y necesitamos modelos holistas, pero en cualquier caso científicos, para encontrarlos y dotar de un principio de armonía a la reflexión sobre la propia naturaleza de las sociedades humanas.

El ecosistema humano y el cambio

Según el paradigma clásico de la Ecología Humana, las sociedades humanas descansan sobre un frágil equilibrio entre cuatro elementos: (P)oblación, (O)rganización, (E)ntorno ambiental y (T)ecnología[8]. Cualquier cambio en uno de esos

---

[8]El elemento Organizativo incorpora todos los elementos

elementos determina modificaciones en todos los demás, produciendo tarde o temprano una reestructuración general, u homeóstasis, del conjunto.

Modelo POET + *(i)*nformación

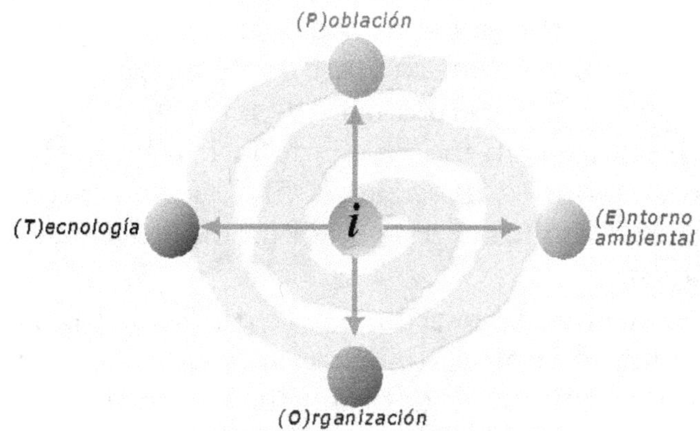

Una formulación actualizada de ese modelo, sin embargo, debe incorporan un *quinto elemento*: la (I)nformación, que es a su vez influenciado por los otros cuatro elementos, pero que actúa a modo de las sinapsis del cerebro, esto es como el nexo que conecta el conjunto. La información es el *proceso* mediante el cual el sistema funciona e interactúa. De ahí que, a medida que los flujos de información se aceleran, las transformaciones

---

inmateriales de la cultura: normas, valores, creencias, instituciones, etc; mientras que la Tecnología refiere tanto a la cultura material como a los mecanismos de su producción (el complejo científico-tecnológico). Respecto a la Población, si bien el modelo POET no le presta excesiva atención, incluye a los efectivos humanos (demografía) y al proceso evolutivo-adaptativo de la especie, aún no concluido.

sociales se aceleren también. La velocidad del cambio social presenta una correlación perfecta con la velocidad a la que la información se transmite.

Como resultado de estos procesos, cada cierto número de generaciones, la Humanidad (o la parte de la misma que protagoniza la Historia en cada momento) se enfrenta al hecho empírico de que la sociedad ha cambiado, percibiéndose las más de las veces en términos de lo que Toffler describió como un *shock de futuro* (Toffler, 1970).

Quienes se sienten amenazados por los cambios y el progreso encuentran, a menudo afectados por el síndrome luddita, que ese *shock* es la prueba de que, indefectiblemente, la Humanidad camina hacia su destrucción. Pero aquellos observadores que tienden a considerar la Historia como una progresión aparentemente caótica, pero que camina invariablemente *hacia mejor*, al modo kantiano (porque creen que la especie, cometiendo más o menos errores, procura cuidar de sí misma), entienden que el *shock* únicamente expresa las incomodidades propias del proceso adaptativo, y se apresuran a intentar construir un modelo explicativo: y "¿por qué han cambiado las cosas?", "¿a dónde nos conduce el cambio?" y "¿cómo nos afectará personalmente el cambio?" son las preguntas más elementales que suelen hacerse entonces.

El modelo evolutivo que actualmente describe mejor la sucesión de las civilizaciones (o, si se prefiere, la *deriva civilizacional*) distingue, a partir de una situación primigenia que nos es totalmente desconocida en sus aspectos fundamentales (por mucho que los huesos de Atapuerca alimenten nuestra imaginación), tres grandes eras, todas las cuales han venido marcadas, sin lugar a duda, por profundos *shocks* civilizatorios:

a) Una **era agrícola** o tradicional, que, con independencia de la interacción de los vectores, vendría a coincidir en su inicio con la primera revolución tecnológica conocida, la del Neolítico.

b) Una **era industrial** o moderna, que se inicia no tanto con la Revolución Industrial inglesa, como con la Revolución Comercial del siglo XV.

c) Una **era telemática** que se nos vendría anticipando desde que, a mediados del siglo XX, se inicia el desarrollo de las telecomunicaciones, y en la que apenas estamos entrando.

Cada uno de estos grandes cambios de civilización ha traído, en primer lugar, un encogimiento virtual del planeta derivado de la aceleración de los flujos de la información, pero también una nueva forma de ver e interpretar el mundo, la vida, y a los propios seres humanos en sociedad. Y cada uno de esos cambios ha traído nuevas comodidades a la Humanidad, pero también nuevas penurias, problemas y conflictos, porque en todo cambio hay ganadores y perdedores.

Por otra parte, esos estadios no son lineales, ni universales. Alvin Toffler expresó muy bien este hecho con la metáfora de las olas que entrechocan; del mismo modo que hay sociedades ancladas en la civilización agraria, e incluso en el paleolítico, o en la sociedad industrial, dentro de las sociedades más avanzadas existen grupos sociales que siguen rigiéndose por (o que están condenados a, según se mire) los principios de la sociedad industrial, o de las sociedades agrarias, junto a los grupos mayoritarios que navegan por la cresta de la ola.

La prognosis, entre la utopía y la distopía

Ahora bien. Si los seres humanos, con la ayuda de ese instrumento que nosotros mismos hemos construido, la Ciencia, somos capaces de racionalizar y dar un sentido a nuestra realidad social, ¿podemos ir más allá, y proyectar hacia el futuro la dirección de la evolución, con el fin de prever los desafíos a los que, por tanto y previsiblemente, vamos a enfrentarnos, y poder planificar la forma de superarlos? Es decir, ¿podemos al menos atisbar el futuro?

En el caso de la Sociología, hay que señalar que la preocupación por la predicción está en el origen mismo de esta ciencia, que de alguna manera anticipa aquellos fenómenos que van a afectar al conjunto de la sociedad, al detectarlos primero en unidades menores. Basta que pensemos en el pequeño rincón de Europa en el que se construía esa *sociedad industrial* de la que Saint Simon afirmaba que se trataba de una *tendencia universal* a principios del siglo XIX, y que efectivamente en el último cuarto del siglo XX se extendía ya a buena parte del planeta. Pero lo mismo podríamos decir de cualquiera de los descubrimientos sociológicos posteriores.

Precisamente la Sociología surge, en buena medida, para explicar (o auto explicar) qué está pasando en una Europa que se agita al abrigo de revoluciones tecnológicas, sociales, económicas, políticas, demográficas, culturales: unos fenómenos que, con más o menos rapidez, se fueron extendiendo no en mancha de aceite, sino siguiendo más bien un modelo fractal.

Hasta tal punto esto es así que hoy, de nuevo, la única posibilidad de supervivencia de la Sociología como una ciencia autónoma estriba en su capacidad para explicarle (auto explicarse) al mundo la transformación que lo está afectando.

Claro que, por un lado, como ocurre para el resto de las ramas del conocimiento, su capacidad para hacer predicciones en términos de "si-entonces (*if-then*)" es la auténtica y definitiva prueba de su validez científica, y así se propone a menudo que deberíamos entenderlo en la Sociología; pero no es menos cierto que cuando nos vemos impelidos, en investigaciones aplicadas, a hacer predicciones, se nos crea lo que Howard Becker ha denominado acertadamente *"la ansiedad de la predicción"*, especialmente en momentos de particular incertidumbre sobre el futuro, pues nos manejamos con elementos demasiado complejos (por cuanto todo lo social interacciona con todo lo social); de forma que lo que los físicos denominan el *efecto mariposa* puede hacernos trizas cualquier previsión, pues ciertamente es mucho más aplicable a los hechos sociales que a las condiciones climáticas.

Lo que el efecto mariposa ha ayudado a asumir a los científicos de la Naturaleza es que, efectivamente, existen fenómenos imprevisibles, quizás demasiados, dada nuestra incapacidad para controlar la totalidad de los datos, e incluso para llegar a conocer todas las interacciones posibles. Con mayor razón, dada la mayor complejidad de los fenómenos estudiados por las ciencias sociales, debemos aceptar sin complejos lo que tan finamente ha expresado Georges Balandier: que *"la imprevisibilidad no es necesariamente el signo de un conocimiento falso o imperfecto; es el resultado de la naturaleza de las cosas, y por tanto es necesario dejarle su lugar y su cualidad"*[9].

Pero, si las ciencias físico-naturales se atreven a ir cada vez más allá, con la ayuda de instrumentos nuevos tan arriesgados como la teoría del caos o la lógica borrosa, aun siendo cada vez más conscientes de la dificultad de predecir el comportamiento de los fenómenos complejos, debemos confiar en que también será capaz de enfrentarse a ese desafío una ciencia que, desde su origen, se ha movido en el ámbito de la más borrosa de las lógicas: la lógica que depende de los valores de quien la aplica. Por tanto, los *futuribles*, esto es la construcción de escenarios posibles en función de las principales variables consideradas, es una actividad que también debemos practicar en la Sociología.

Ahora bien. Mirar hacia el futuro, desde una perspectiva sociológica, no puede consistir en imaginar el horizonte, dejando volar las alas de nuestros deseos (la utopía) o de nuestros peores presentimientos (la distopía, o contra utopía). Esa función corresponde a los ideólogos y, sobre todo, a los artistas, que siempre se nos adelantan. Para la Sociología, otear el futuro consiste en mirar el presente con los ojos bien abiertos, atentos a la dialéctica de los hechos nuevos; la imagina-

---

[9]Georges Balandier, *El desorden, la teoría del caos y las ciencias sociales. Elogio de la fecundidad del movimiento,* Gedisa, Barcelona, 1989:63

ción, entonces, es sólo un instrumento que, saltando entre las distintas perspectivas y lentes de observación, nos ayudará a buscar una síntesis que nos ayude a racionalizar, si no comprender plenamente, la dirección global del cambio.

Por eso, cuando hablamos de las tendencias de futuro, incluso de futuribles como representaciones racionales de futuros posibles, tan sólo estamos yendo un pequeño paso más allá de la descripción de los hechos nuevos, hacia su interpretación. Para la Sociología la única forma de mirar hacia el futuro es observar bajo presupuestos científicos[10] el presente.

Una última consideración conceptual debe hacerse antes de adentrarnos en la materia que vamos a tratar.

He señalado las características del modelo ecológico como instrumento holista de análisis social, sin profundizar en ello porque no corresponde a este documento. Sin embargo, sí quisiera al menos hacer una insistente mención al hecho de que cada uno de los vectores del modelo tienen una autonomía propia, por más que interacciones con los otros elementos.

Parto por tanto, en este análisis, de una serie de principios, o convicciones, tanto epistemológicos, como teóricos y metodológicos:

a) En primer lugar un principio de creencia en la Sociología como instrumento científico de co-

---

[10]En el caso de la Sociología el presupuesto científico básico es el de actuar, como ha expresado el sociólogo Theodore Kemper en un breve pero ingenioso artículo, *"como si la Sociología fuese una ciencia"* (The Chronicle of Higuer Education, vol. 56, n. 49, 11 de agosto del 2000). URL: http://chronicle.com/free/v46/i49/49b00701.htm

nocimiento de la realidad social, con todos los límites que la Ciencia presenta a la hora de intentar conocer los fenómenos complejos.

b) En segundo lugar el principio del imperativo tecnológico tal y como ha sido definido por Arnold Pacey[11], que hace referencia al carácter inevitable de los avances tecnológicos.

c) En tercer lugar, el principio de la influencia de la tecnología, con un grado de determinismo imposible de establecer, en las estructuras y procesos sociales.

d) Y finalmente el principio, de carácter ético, de la necesidad de una crítica racional de los efectos perversos que las tecnologías presentan.

En suma, a la hora de enfrentarnos a un fenómeno que, en su fenomenología, parece desbordar nuestra capacidad de comprensión, descubrimos que ni el optimismo pánfilo de los tecnofabuladores -que no científicos- sociales, ni el derrotismo y la crítica luddita, y por tanto nihilista, del desarrollo tecnológico, son de utilidad para ayudar a la sociedad a enfrentarse a las profundas transformaciones que le afectan y, en mayor medida aún, le esperan en el futuro. Las nuevas tecnologías, como las menos nuevas o las viejas, han contribuido a liberar a los hombres de pesadas limitaciones; pero también han contribuido, en no menor medida, a crear nuevos focos de injusticia. Intrínsecamente, la tecnología por sus características tiende a modificar la organización social; pero la sociedad impone por su parte sus determinaciones el propio desarrollo tecnológico

---

[11]Ver Arnold Pacey, *La cultura de la tecnología*, Fondo de Cultura Económica, México, 1990, especialmente pp. 132 y siguientes

y a su aplicabilidad. Será más fácil si sabe cómo
le afecta el proceso.

Hacia la Sociedad Telemática

Hace ciento cincuenta años, para expresar con fuerza el avance del socialismo y las luchas obreras, Marx inició el *Manifiesto comunista* con estas palabras: *"Un fantasma recorre Europa..."*. Efectivamente, por todo el continente se encendía, imparable, la chispa de un movimiento que pretendía expresar el rechazo a las nuevas condiciones de vida impuestas a los trabajadores por el capitalismo industrial emergente. Pero eso ocurría en Europa. La mayor parte del planeta dormía el plácido sueño (en realidad plácido para unos pocos, durísimo para la mayoría) de las sociedades agrarias o incluso paleolíticas.

Hoy, ahora mismo, el Marx que todavía no ha escrito el manifiesto utópico que corresponde a nuestro tiempo, debería iniciarlo con las siguientes palabras: *"Un fantasma recorre el mundo..."*, a la vista de las batallas y escaramuzas en que vemos enfrascados a los nuevos utópicos, de Seattle a Buenos Aires, de Tokio a Praga. No son obreros, ni siquiera trabajadores, sino las más de las veces estudiantes. A diferencia del viejo movimiento obrero, no se enfrentan al capitalismo -ni siquiera sabrían muy bien definir su posición frente al capitalismo, y las ideologías que los animan son bien dispares, desde el comunismo al fundamentalismo cristiano-, sino que se enfrentan a un concepto bastante etéreo: *globalización*.

Pero sobre todo ahora, a diferencia de entonces, el campo de batalla de los movimientos *antiglobalización* ya no está únicamente en las calles de las viejas ciudades industriales europeas, sino también en las metrópolis emergentes, y en las ciudades depauperadas del Sur, en suma, en el conjunto de un planeta que se nos queda cada vez más pequeño. Ya no tienen como escenario ese pequeño rincón del globo en el que emergía la Sociedad Industrial, sino el planeta entero, e incluso su estratosfera (pues las batallas se producen también en la red de satélites de comunicaciones que rodean la Tierra).

Pero eso sí, como entonces, asustan a los poderosos del sistema; entonces a las rancias burguesías industriales que dominaban los estados nacionales, ahora a los poderosos grupos financieros que dominan el mundo.

¿Por qué les asustan?

Sin la existencia del movimiento obrero, sin textos como *El manifiesto comunista*, serían impensables las condiciones de vida de las que hoy disfrutamos en los antiguos países industriales europeos, y en aquellos otros que han seguido su camino. No existirían ni la sanidad pública, ni los sistemas de pensiones, ni la enseñanza pública, universal y gratuita.

Pero, a la vez, todo esto ha sido posible porque finalmente los anarquistas, los socialistas, los comunistas, no consiguieron detener la rueda. De hecho, Marx sabía muy bien que el crecimiento de las fuerzas productivas (esto es, la capacidad tecnológica) es imparable, está en la naturaleza misma del hombre. Pero es incuestionable que, gracias a su infatigable acción política, consiguieron corregir muchos de los efectos perversos del sistema industrial-capitalista.

Hoy, de nuevo, quienes se enfrentan a la globalización tienen la batalla perdida de antemano en lo esencial: a pesar de las lúgubres amenazas que sobre el futuro de la humanidad se multiplican desde que se puso en marcha la primera máquina de vapor, el desarrollo tecnológico que está en la base de la globalización es imparable. Y entender esto, como lo entendió Marx en su momento, es fundamental: es la diferencia entre el utopismo escapista del anarquismo, o la locura del estalinismo, de estilo ruso o de estilo chino, y la acción sistemática, organizada y racionalizadora del socialismo que ha hecho posible el Estado del Bienestar.

Pero, sea como fuere, podemos tener la seguridad de que las generaciones futuras de ciudadanos del mundo que, sea cual sea su origen, su raza, su sexo, su religión o su lugar de residencia, tendrán aseguradas unas condiciones mínimas de bienestar, un sistema de protección pública frente a los desmanes de la naturaleza o los poderosos, recordarán admirados a los movimientos antiglobalización, como hoy recordamos agradecidos y admirados aquellas luchas obreras que pusieron coto a un capitalismo por esencia descarnado y vampírico.

Nuevo significado para una vieja palabra...

Pero a mediados de los años '90 la palabra *globalización* ni siquiera aparecía en la mayoría de los diccionarios. A lo sumo, podíamos encontrar una definición tan simple como *"acción o efecto de globalizar"*. Las buenas enciclopedias llegaban a hacer referencia a una corriente pedagógica que bajo esa denominación propicia al aprendizaje de una totalidad para luego comprender mejor los elementos que la integran. Mientras que hoy, ninguna editorial que se precie se atrevería a poner en la calle un diccionario enciclopédico que no incluya un amplio artículo dedicado a la globalización.

Pero eso, para nosotros, ciudadanos de clase media del núcleo duro del sistema mundial, no tiene importancia. Nos basta abrir la gran ventana de Internet para asomarnos no ya al significado de la palabra globalización, sino a la globalización misma. A finales del pasado año (2.000) decidí consultar todos los diccionarios y enciclopedias de mi biblioteca personal, alguna de ellas de veinte enormes tomos, y en ninguno encontré otro contenido que el señalado[12]. Pero me conecté a Internet, pregunté a un buscador cualquiera, y aparecieron nada menos que 89.000 registros en español; esto es casi 90.000 páginas web, cada una de las cuales puede tener el equivalente a varias páginas escritas en papel, situadas en los rincones más distantes de la geografía. Y cuando escribí la palabra en inglés, fueron nada menos que 330.000 páginas web las que encontró el buscador.

Naturalmente, hice lo que conocemos como *búsqueda tonta*. Porque en la medida en que la palabra globalización tiene, como hemos visto, varios sentidos, seguramente una buena parte de

---

[12]El más reciente de entre los consultados, publicado por el diario español El Mundo, es de 1992, y a pesar de que llevaba el pomposo título de *Enciclopedia del Siglo XXI*, tan sólo recogía el término *global* como referido a *"total, considerado en conjunto"*.

las referencias listadas por el buscador no hacían referencia al fenómeno al que nos estamos refiriendo ahora. Pero lo que justamente quiero expresar es que es necesario navegar por Internet si queremos profundizar en el concepto de globalización. Porque del mismo modo que la cultura oral fue el medio en el que se desarrollaron las sociedades agrarias, y la cultura impresa ha sido el caldo de desarrollo de las sociedades industriales, la cibercultura es el espacio de expresión de la globalización.

Para comprender el nuevo significado de esta vieja palabra partiremos justamente de los viejos significados. Especialmente de esa perspectiva pedagógica que plantea la necesidad de enseñar los fenómenos en conjunto, para poder comprender mejor el funcionamiento de las partes. No es otra cosa que la aplicación de un concepto propio de la teoría del conocimiento: el holismo, al que ya he hecho referencia.

Una epistemología holista se plantea la imposibilidad de comprender el funcionamiento de las partes de un sistema por separado, por cuanto sus elementos constituyentes adquieren su significado precisamente del hecho de la interacción mutua. Es decir, la propia relación modifica la naturaleza de los elementos. Por tanto, y en esencia, podríamos definir la globalización, en pocas palabras, como un proceso por el cual todos los componentes de las sociedades humanas que habitan el planeta Tierra adquieren una nueva naturaleza por el hecho mismo de su interacción mutua.

¿Qué significa esto en términos sociales, económicos y políticos? Pues sencillamente que vivimos en una *sociedad mundial* en la que, citemos de nuevo a Nietzsche, nada humano nos es ajeno. Que los capitales circulen a una velocidad de vértigo por el planeta, incluso sin circular físicamente, es sin duda una de sus manifestaciones: de forma que una conexión en ciber-conferencia en la que participe un representante de una multinacional americana desde Detroit, un grupo de inversores japoneses desde Tokio, y un agente de bolsa madrileño con una buena cartera de dinero negro a la que dar salida, puede determinar el cierre de una planta industrial en Oporto, la creación de mil puestos de trabajo en Tijuana, el hundimiento de una antigua compañía telefónica peruana, o la tala de diez mil hectáreas de bosque en la Amazonía. Esa es la metáfora apocalíptica de la globalización en el imaginario popular, alimentado por los trabajos de autores como Castells; pero como todas las metáforas, es incompleta como representación de la realidad.

ACCIONES GLOBALES, REACCIONES GLOBALES

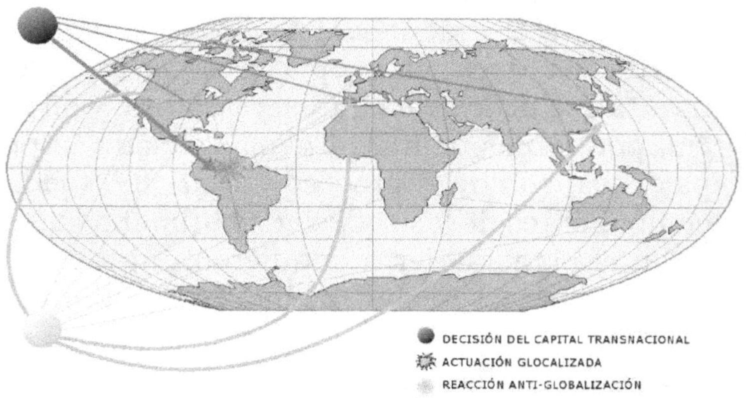

Porque también circulan las noticias, de forma que otra de las manifestaciones de la globalización es que los hombres y mujeres de Nueva York, Buenos Aires, Madrid, o Badajoz, podemos sentirnos solidarios de los venezolanos víctimas de una catástrofe natural, o de las mujeres sauditas atenazadas por costumbres primitivas, o de los aborígenes expulsados de sus tierras amazónicas, o de un profesor de universidad asesinado en el País Vasco como consecuencia de una acción tal vez decidida en México pero ejecutada por alguien que vive en la Bretaña francesa, con unas armas compradas a través de Internet a un traficante afgano.

Es más, todos los miembros de la especie humana que estamos conectados a cualquier sistema de telecomunicaciones (internet, televisión, radio...) podemos sentirnos en comunión, miembros de un mismo colectivo, frente a fenómenos que nos afectan a todos por igual, blancos y negros, ricos y pobres, hombres o mujeres, como ocurre con el cambio climático.

Podemos debatir sobre hasta qué punto todo esto es real o virtual, o si se quiere con otras palabras, realidad o espectáculo. Pero sea como fuere ahí está, formando parte de nuestras vidas para siempre.

Sin embargo, el hecho básico de una *sociedad mundial* no es nuevo en sí mismo. En cierto modo, es una tendencia histórica que podríamos rastrear muy atrás, pero que, a partir del siglo XVI, en la llamada Era de los Descubrimientos, se acelera notablemente. Aunque será en el marco de la

Sociedad Industrial, bajo la forma del Imperialismo, cuando adquiera auténtica carta de naturaleza, dando lugar no sólo al desencadenamiento de lo que hemos conocido como *guerras mundiales*, o la construcción de un capitalismo mundial basado en las empresas primero multinacionales y luego transnacionales, sino también a la constitución de un entramado de instituciones mundiales, desde la pionera Sociedad de Naciones, que se ocupan de la gestión de aquellos asuntos que sobrepasan la escala de los Estados-nación.

La idea de una economía mundial está ya claramente expresada por Marx, y a mediados del siglo XX existe una plena conciencia de la existencia de una *"economía mundo"*, como lo expresó el economista Jan Tinbergen en el libro del mismo título publicado en 1962, así como existen tempranas respuestas de carácter transnacional frente a esa mundialización[13].

La propia consideración de los asuntos geográficamente ajenos como propios tampoco es

---

[13]Algunas referencias bien dispares en cuanto a su perspectiva serían el citado trabajo de Jan Tinbergen, *Shaping the World Economy*, The Twentieh Century Fund, Inc., Nueva York, 1962 (hay edición española, *Hacia una economía mundial*, en Oikos-Tau, Barcelona,1969, y reedición en Orbis, Barcelona,1988); o el informe del sindicalista Charles Levinson sobre la respuesta sindical a la transnacionalización de la economía, en Charles Levinson, *International Trade Unionism*, Allen & Unwin: London, 1972 (hay traducción española, *El contrapoder multinacional : la respuesta sindical*, en Dopesa, Barcelona, 1976). Puede verse también el trabajo de Samir Amin, *El desarrollo desigual*, Fontanella, Barcelona, 1974, sobre el intercambio desigual como proceso explicativo de la formación de una economía-mundo; o, desde una perspectiva más sociólogica, el de Inmanuel Wallerstein, *El capitalismo histórico*, Siglo XXI, Madrid, 1988.

nueva: recordemos, por poner un ejemplo suficientemente expresivo, cómo durante el primer tercio del siglo XX miles de jóvenes se desplazaban para participar al lado de sus correligionarios en revoluciones y guerras lejanas, como es el caso de las Brigadas Internacionales que vinieron a España a luchar en nuestra guerra civil, o los jóvenes fascistas italianos, y nazis alemanes, que acudieron a luchar frente a ellos.

Pero a lo que ahora nos enfrentamos es a un fenómeno nuevo, y distinto en sus elementos constitutivos. No es solamente un salto en la escala de la mundialización de los asuntos humanos, sino que se trata de un fenómeno de naturaleza distinta. Estamos, simplemente, viviendo en un nuevo ecosistema humano, por lo que abordar la globalización como un fenómeno unidimensional, ya sea económico, tecnológico, político o cultural, por separado, es no comprender su verdadero significado como fenómeno multidimensional y redundantemente *global*.

El núcleo duro de la globalización es un espacio sin perfiles, sin fronteras. Cuando hablamos de globalización nos estamos refiriendo fundamentalmente a un estadio en el que los Estados-nación, que a lo largo de cuatro siglos han delimitado la acción de los hombres y han definido las sociedades, dejan de tener sentido. Los procesos de todo tipo, desde la contaminación a los movimientos migratorios, desde los instrumentos de control social a los flujos de capital, desde la filosofía a las modas mediáticas, desde los matrimonios a los conflictos étnicos, pasan a ser transnacionales.

Pero el que no existan fronteras físicas, que limitan el trasiego de hombres, ideas, productos y capitales, no quiere decir que desaparezcan las fronteras. Simplemente pasan a ser virtuales, y no delimitan territorios, sino conciencias, modos de vida, acceso a bienes... Por eso, paradójicamente el fenómeno de la globalización es indisoluble de la explosión de los localismos, o al menos de los que han podido sobrevivir a la asfixia de la construcción de los Estados-nación.

En un proceso que no es diferente que el que siguió la modernización, la globalización se extiende de forma fractal, dejando espacios estancos que construyen sus propias fronteras virtuales. Sólo así puede explicarse que en enero del año 2001 la Administración del estado de Kansas haya estado discutiendo una vez más sobre la conveniencia de enseñar la teoría evolucionista en sus escuelas. Una discusión que puede parecer anacrónica pero que sólo lo es en términos relativos, si tenemos en cuenta que, según las encuestas del Instituto Gallup, en el último año del siglo XX había todavía más norteamericanos que creen en las teorías creacionistas que en las evolucionistas.

Es un proceso de difusión muy distinto al proceso de modernización, que se extendió en mancha de aceite. De ahí que se hable de *glocalización* como el mecanismo a través del cual los flujos globales toman contacto con la realidad de las gentes y los pueblos, adquiriendo expresiones diferenciadas, aunque son expresiones que a la vez carecen de un contexto; no están vinculadas a ningún lugar y a ningún tiempo.

Pues, efectivamente, ¿dónde ubicamos en términos de espacio o tiempo el *grunge*?, ¿dónde ubicamos el indigenismo?, ¿dónde ubicamos incluso el Islam, la Umma?

¿Dónde, por descender a un hecho empírico muy cercano y por tanto fácilmente reconocible, ubicamos, y en qué situación, a las parejas católicas portuguesas que pasan a España, concretamente a Extremadura, a casarse por la Iglesia, pero que a todos los efectos legales siguen solteros en Portugal, cumpliendo así con sus obligaciones religiosas, pero engañando al Estado portugués, que de esta forma les sigue pagando ayudas, subsidios o pensiones?

Y es que se trata, en suma, de un paisaje nuevo, o más exactamente de diversos paisajes, como apunta Arjun Appadurai[14]:

a) paisajes étnicos (*etnoscapes*) expresados en el flujo incesante de turistas, inmigrantes, refugiados, exiliados, trabajadores extranjeros para quienes los perfiles de los estados-nación han perdido significado.

b) paisajes tecnológicos (*technoscapes*) expresados en los movimientos transfronterizos de tecnologías.

c) paisajes financieros (*finanscapes*) expresados en las enormes sumas de dinero que circulan a una velocidad increíble por el globo.

d) paisajes mediáticos (*mediascapes*), referidos a la imaginería de los medios de comunicación, irradiada permanentemente desde todos los puntos del planeta.

---

[14]Appadurai, A. (1999), 'La globalización y la imaginación en la investigación', Revista Internacional de Ciencias Sociales, 160 URL: http://www.unesco.org

e) paisajes de ideas (*ideoscapes*), referidos a las creencias que relacionan a las gentes sin base geográfica alguna.

¿Complejo? Sin duda, porque el mundo global en que estamos aprendiendo a vivir es muy complejo. Tan complejo, que el escapismo es, como siempre que se producen cambios convulsos, una tentación en la que caen muchas gentes que se sienten abrumados por la ola de cambios que rompe en añicos casi todas las certidumbres.

Y aún es más complejo si incorporamos la dimensión medioambiental, que para algunos autores ha sido casi tan determinante de la globalización como la transnacionalización del capital, en la medida en que, según propone Ulrich Beck, ha potenciado la formación de lo que denomina *una sociedad civil con visión cosmopolita*, que ha alentado a su vez la idea de una *democracia cosmopolita*[15].

De forma que cuando hablamos de riqueza y pobreza globalizadas no estamos hablando necesariamente de que la globalización provoque pobreza (asunto sobre el que no hay, desde luego, acuerdo alguno entre los investigadores), sino más bien de que a nadie, en el planeta, le queda la excusa del desconocimiento: la sociedad civil transnacional pone ante nuestros ojos, bien por la acción de los medios de comunicación de masas, bien como resultado de la acción del *empresariado moral* transnacional[16], la imagen de la

---

[15]Ulrich Beck, *¿Qué es la globalización? Falacias del globalismo, respuestas a la globalización*, Paidós, Barcelona, 1998

[16]El concepto de "empresariado moral" fue desarrollado por Howard Becker en su libro *Outsiders: Studies in the Sociology of Deviance*, The Free Press, New York, 1963

miseria, poniéndonos entre la espada moral y la pared. Del mismo modo que esa información que circula globalmente pone ante los ojos de los desheredados la riqueza, virtual o real, de Occidente, empujándolos a intentar el salto hacia esos espacios soñados

Como siempre que se producen grandes cambios, el nuevo paisaje tiene vistas hermosas y vistas deprimentes. Hay ganadores y hay perdedores en el cambio, y es especialmente duro cuando los perdedores son los que ya perdieron en los cambios anteriores.

Los ganadores somos los globalizados que disfrutamos de esa globalización; quienes, utilizando la metáfora de Toffler, navegamos por la cresta de la Tercera Ola. Para nosotros la globalización se manifiesta como la gran promesa, tal y como ocurrió con la modernización industrial, de felicidad instantánea y universal.

Los perdedores son los excluidos... Internet, expresa mejor que ningún otro dato, como veremos, la desigualdad global. Pero lo excluidos no sólo lo están de las más nuevas y maravillosas tecnologías de la información; es cierto que el 95 % de la población africana no conoce Internet; pero es que la mitad nunca ha llamado por teléfonos, e incluso un 40 % ni siquiera tiene acceso al medio de comunicación que caracterizó al siglo XX: la televisión. Y con un agravante, producto de la propia globalización. Pues, a diferencia de tiempos pretéritos, los excluidos saben hoy de su exclusión, y conocen con bastante exactitud de qué bienes disfrutamos nosotros. Por ello la constatación de la evidencia de que estamos ante un cambio de civilización, con sus ganadores y sus perdedores, no agota la cuestión: cada nueva civilización viene con los gérmenes de su propia destrucción, como diría Marx, y sobre todo con los mecanismos para su transformación. Los instrumentos de la globalización hoy permiten luchar contra sus efectos: el desarrollo tecnológico, el desarrollo de nuevas formas de acción política, el desarrollo de nuevas formas de organización económica, todo ello es hoy más factible que nunca, porque además su difusión es más fácil que nunca.

En suma, la globalización no algo bueno o malo. Ni una enfermedad del mundo ni el bálsamo de fierabrás. Sólo es un proceso, alimentado por las nuevas tecnologías de la información, que abre posibilidades ilimitadas de crecimiento humano, y a la vez la posibilidad de constatar hasta el infinito el dolor de nuestra especie.

De la Era Atómica a la Sociedad Telemática

La globalización, como proceso, no es pues sino una manifestación más de la sociedad emergente. No es *la sociedad*, sino sólo un aspecto; el vector (O)rganización del citado modelo POET, que influye en, y es influido por, otros fenómenos. La tecnología es otro vector esencial.

Tan esencial que, de nuevo, estamos calificando a la sociedad emergente, como ocurrió con la Sociedad Industrial, por sus rasgos tecnológicos. Los seres humanos evolucionamos gracias a una cualidad única de nuestra especie: el lenguaje. Por ello no es banal la aparentemente excesiva atención que prestamos a las denominaciones.

Y la forma en que estamos denominando a esta sociedad es una buena prueba de las grandes limitaciones de la prognosis en las ciencias sociales, y por tanto de la necesidad de tomar con infinita modestia y prevención todo pronóstico. De hecho, desde mediados del siglo XX la velocidad a la que se han venido produciendo los cambios tecnológicos ha llevado a sucesivas denominaciones para una sociedad emergente de la que apenas hoy empezamos a poder esbozar sus características.

Así, una sociedad futura a la que no terminábamos de llegar se empezó denominando, bajo la inspiración historicista de Spengler y Toynbee, *Era Atómica*, *Era Cibernética*, *Era de la Información* o *Era del Conocimiento*.

Cuando los sociólogos empezaron a ocuparse del asunto, introdujeron el término *sociedad*, pero no por eso dejaron de surgir calificativos nuevos. Alain Touraine fue modesto y no se atrevió a introducir un término nuevo, poniendo únicamente de manifiesto, con su denominación de *sociedad postindustrial*, que era algo distinto a la sociedad industrial (no es banal que también fuesen los filósofos y sociólogos franceses quienes introdujesen el término *postmodernidad*), y a través de la obra de Daniel Bell esa denominación haría fortuna, especialmente dentro de la Sociología. Aunque algunos sociólogos prefirieron utilizar denominaciones propias, como la *Sociedad Industrial Desarrollada* de Herbert Marcuse, o la *Sociedad Urbana* de Henri Lefebvre, quien también utilizó la denominación de *Modo de Producción Estático* jugando con las palabras Estado y estático.

Mientras, otras denominaciones se venían proponiendo: la de *Sociedad Tecnológica* tuvo bastante éxito en los '70, pero compitiendo con los términos existentes y con otros, como la *Sociedad Tecnotrónica* del politólogo Brzezinski (apenas utilizada por él mismo y algún discípulo), o la *Sociedad del Conocimiento* del economista Peter Drucker (que ha tenido bastante éxito en el ámbito, lógicamente, de la Organización de Empresas). Y, por supuesto, también con el de *Sociedad de la Información* que, adaptando la propuesta macluhaniana, introdujeron los primeros comunicólogos. Esta ha sido la que provisionalmente, hemos aceptado y utilizado la mayoría, por una razón esencial: la propia fuerza de los medios de comunicación de masas, que se han encargado de convertir un término, exclusivo de su campo, en inclusivo de toda la sociedad.

Pero es curioso que el autor que más ha hecho por hacernos conscientes de la emergencia no de un paso en el proceso evolutivo de la sociedad industrial, sino de un salto que él mismo definió en términos de brutal *shock*, no le pusiese nombre a la nueva era. Me refiero a Alvin Toffler, que prolonga la línea del pensamiento de Mumford y a su través de Geddes, y que se limitó a enumerarla, como una de las grandes oleadas civilizatorias que han marcado la construcción de la Humanidad: la *Tercera Ola*. Como tampoco lo hizo John Naisbitt en los exitosos libros que seguían en parte la senda de Toffler, aunque con menos sistemática[17].

Aun así, se han seguido usando otras denominaciones a lo largo de las últimas dos décadas: como la de *Sociedad Tecnológica*, que tanto gustó a los herederos de la Escuela de Frankfurt; la *Sociedad Global* del polifacético François Benko, que ha inspirado los informes del Club de Roma pero no tuvo mucho éxito a pesar de que, paradójicamente, podríamos considerar que ha dado nombre al concepto de *globalización*; o la *Sociedad Red* que recientemente ha sido recuperada como denominación por Manuel Castells, aunque no es de su invención.

Las últimas que prueban fortuna son las de dos grandes tituladores de libros: la *Era de las Expectativas Limitadas*, del economista Paul Krugman, duró mientras perduró el correspondiente bestseller, y la bastante cercana *Era del Acceso*, de Jeremy Rifkin, ambas directamente deudoras del concepto de *Sociedad Opulenta* que Kenneth Galbraith desarrolló en los años '60 del siglo XX.

Hoy algo es indiscutible: el término *Sociedad Postindustrial* podía servir para denominar a la sociedad industrial en crisis, pero no es un nombre propio. Por otra parte, no terminamos de estar *a gusto* con la denominación de *Sociedad de la Información*. Si la tomamos en referencia a la importancia de los medios de comunicación de

---

[17]En 1982 los Naisbitt publicaron *Megatrends* (megatendencias), y en 1999 intenta repetir el éxito editorial con *Megatrends 2000*, aunque ya no tuvo tanto impacto. Puede observarse en la cadencia de publicación cómo buscaba no coincidir con los lanzamientos decenales, como los censos de población, de los Toffler.

masas, estamos pensando en un fenómeno precisamente típico de la sociedad industrial: la sobreinformación, la preocupación por el ruido y la redundancia, son temas que ya estaban muy presentes en la sociedad industrial, desde hace casi medio siglo.

Pero además la información es un vector que está presente desde el principio de la Humanidad, con efectos idénticos a los actuales; esto es, facilitando la interacción de los otros componentes de las sociedades humanas (Población, Organización/Cultura, Entorno Ambiental y Tecnología).

Incluso si tomamos más bien el término *informacional*, como hace el sociólogo español Manuel Castells en referencia *"al atributo de una forma específica de organización social en la cual la generación, procesamiento y transmisión de información llega a ser la fuente fundamental de productividad y de poder"* (Castells, 1997-1998), tampoco tenemos nada nuevo en sí mismo[18]. De siempre la generación procesamiento y transmisión de información ha sido la fuente esencial de productividad y poder; lo era cuando los brujos organizaban las sociedades primitivas a partir de su *comunicación* con los seres superiores, y también lo era cuando los primeros comerciantes modernos utilizaban un sistema de correo privado que luego daría lugar a la prensa. La única diferencia estriba en la impactante velocidad a

---

[18]Yo mismo utilicé el término *Sociedad Informacional* desde 1995 en mis clases de Sociología de la Empresa (y así se recoge en mis apuntes, publicados en 1996) como sinónimo de Sociedad de la Información para describir justamente la categorización de Naisbitt. Otros autores comenzaron a utilizarlo prácticamente a la vez, por cuanto es una derivación lógica de los planteamientos del libro de Naisbitt.

que eso se produce en la actualidad, una velocidad que viene incrementándose progresivamente (y de forma exponencial a partir de principios del siglo XIX) desde el origen de la civilización, determinada directamente por los desarrollos tecnológicos.

Lo que más bien caracteriza en exclusividad histórica a la sociedad emergente no es pues el peso de la información, ni la forma 'informacional' de producir, sino más bien la capacidad, gracias ciertamente a las nuevas tecnologías de procesamiento y transmisión de la información, de superar las barreras espacio-temporales. Pensemos que estamos en el principio, más o menos en el momento equivalente a aquel en que Saint Simon habló de *Sociedad Industrial*, aunque fuese casi siglo y medio más tarde cuando se rescatase esa denominación que, sin lugar a duda, caracterizará para siempre en la historia a los últimos dos siglos. El teletrabajo no es sino la antesala; es, respecto a lo que el trabajo probablemente signifique en el futuro, como los telares del siglo XVIII respecto a una factoría actual de la General Motors.

Buceando a la búsqueda del Saint Simon que haya acertado en definir con más claridad la naturaleza de la sociedad emergente, he dado con la denominación que me parece más acertada: *Sociedad Telemática*[19]. Una denominación que creo que aparece por vez primera, casualmente y

---

[19]La palabra *telemática* (que deriva de la fusión de telecomunicación e informática) es definida por los diccionarios más actuales como *Servicio de telecomunicaciones que permite la transmisión de datos informatizados a través del teléfono*. Como término, no puede encontrarse en diccionarios o enciclopedias anteriores a 1990.

sin pretensiones, en un informe que es heredero directo de la "religión" sansimoniana que ha alimentado durante dos siglos la tecnocracia francesa.

Es en el famoso informe Nora-Minc sobre *la informatización de la sociedad*, que revolucionó, a finales de los '70, las ideas económicas europeas (Nora, Minc, 1983) en donde aparece por primera vez esa denominación. Pero inmediatamente después la vemos consagrada por un ensayista de perfil tan sansimoniano como el de Alain Minc; se trata de James Martin, un tecnólogo, asesor de multinacionales de electrónica y profesor universitario, quien publicó en 1978 un libro que, bajo la traducción de *La sociedad Interconectada*, expresa muy bien las tendencias que ya apuntaban, y que hoy se han manifestado (todas ellas) en plenitud (Martin, 1980)[20]. Martin publicaba un nuevo libro en 1981con el título explícito de *La Sociedad Telemática*, que nos alumbra más explícitamente sobre las nuevas interacciones entre las nuevas tecnologías de la información y la sociedad (Martin, 1985).

Si fue un ingeniero industrial con preocupaciones sociales quien dio nombre a la *Sociedad Industrial*, parece pues que hay una cierta lógica semántica en que tomemos ahora esa nueva denominación de *Sociedad Telemática*.

El advenimiento de la Sociedad Telemática

Decíamos que la información es el factor clave

---

[20]El término inglés, *wired*, es el que ha marcado la cultura internet en su prehistoria

en la transformación que estamos viviendo. Pues, aunque hablamos de informática como algo con intensa presencia en nuestras vidas apenas desde mediados los años '80, se trata de un proceso que viene de muy atrás, y así ha sido percibido por algunos agudos observadores. Por tanto, debemos referirnos tanto al proceso de transformación tecnológica, como al proceso de percepción y teorización sobre el mismo.

Así, los conceptos fundamentales para comprender la 'revolución Internet', que es la que en mayor medida hoy nos fascina, están en la obra del filósofo Marshall McLuhan, publicadas en la década de los '60.

Su tesis central es que la tecnología constituye una extensión, o prolongación, del cuerpo del hombre. Y en el caso de las tecnologías de la información, *"con la prolongación del sistema nervioso como nuevo medio de información electrónica, ha sido posible alcanzar un nuevo grado de conciencia"* (McLuhan, 1985 [1968]). Un concepto capital que no es original de McLuhan, pues en esa época se divulgan ampliamente los trabajos de un científico y sacerdote jesuita, Teilhard de Chardin, a quien la jerarquía vaticana había prohibido publicar de por vida sus trabajos, esencialmente los de índole filosófica.

Las teorías de Teilhard han fascinado durante años a los teólogos progresistas, pero sobre todo recientemente se han recuperado, más bien por los agnósticos, precisamente en el ámbito de la interpretación filosófica de Internet. Su concepto básico es el de *noosfera*, con el que hace referencia a una especie de superconexión nerviosa de carácter superorgánico (en un sentido spenceriano) que se superpone a la biosfera, y que posibilitaría al hombre alcanzar sus máximos niveles de pensamiento y reflexión, tomando conciencia de sí mismo.

Pensemos que hace casi cuarenta años Teilhard de Chardin ya afirmaba que *"los investigadores están distribuidos aleatoriamente en la superficie del globo terráqueo, pero están funcionalmente interconectados en un vasto sistema orgánico que se convertirá en el futuro en indispensable para la vida de la comunidad"*. En suma, nos está describiendo la red telemática mundial que hoy conocemos. En la obra de este teólogo francés las posibilidades de conexión entre los hombres todavía aparecen en gestación; pero hoy la red Internet ya se parece cada vez más a ese cerebro superorgánico desplegado sobre la superficie del planeta. Los hombres con sus ordenadores son las unidades de esta red de consciencia, y ya no están aislados, sino que son como las neuronas de un gigantesco cerebro en formación.

En lo que se refiere a la propia tecnología, lo que hoy es dramáticamente cotidiano era ya virtual entonces. En diciembre de 1968 el tecnólogo Douglas Engelbart presentó en San Francisco, todo de vez, un ratón capaz de seleccionar iconos en una pantalla, el procesador de textos, la videoconferencia y el hipervínculo, que permite saltar de un documento a otro como ahora hacemos en los navegadores de Internet. Engelbart tenía claro en aquellas lejanas fechas que, frente a la consideración entonces habitual de los primeros ordenadores como poderosas máquinas de cálculo, su futuro estaba en la comunicación. Se trataba de la herramienta atisbada por McLuhan y que haría posible la hipótesis superorgánica de Teilhard de Chardin.

Todo esto ha sido posible como consecuencia del desarrollo de las tecnologías de la información y la comunicación, en particular de las tecnologías ópticas y fotográficas, la informática, y las telecomunicaciones. Tras al menos 5.000 años de memoria civilizada, en sólo 50 años se han producido impresionantes avances tecnológicos; podríamos decir que todo eso ha ocurrido en apenas en los dos últimos días del año, si asimilamos a un año natural la historia de las civilizaciones humanas.

¿Por qué esas nuevas tecnologías han determinado cambios tan profundos?

Si atendemos a la evolución tecnológica de la información y la comunicación, vemos cómo las sucesivas tecnologías posibilitaron en primer lugar la simple comunicación interpersonal. Primero la escritura, luego el papel, los primeros libros anteriores a la imprenta, ponían en contacto a *un* emisor con *un* receptor.

El desarrollo de la imprenta, la prensa y luego los medios de comunicación basados en la transmisión por ondas eléctricas abrieron un camino nuevo, sobre todo a partir del siglo XIX, al posibilitar lo que conocemos como *comunicaciones de masas*, mediante la cual uno o pocos emisores se ponen en comunicación con un número creciente de receptores, cuyas posibilidades de feedback sin embargo se reducen, frente a lo que ocurría con la comunicación interpersonal. La televisión es sin duda el medio de comunicación de masas que en mejor medida ha expresado, a partir de la segunda mitad del siglo XX, este fenómeno.

Sin embargo, el salto que se inicia en los años '60 supone, al menos potencialmente, la materialización del sueño de los hombres en relación con la comunicación; pues al tiempo que se incrementan las posibilidades de la comunicación de masas, se hace posible no sólo la respuesta, o feedback, a esas comunicaciones masivamente emitidas, sino que además se hace teóricamente posible la intercomunicación individual entre todos los individuos del planeta.

¿Por qué han sido tan determinantes los avances en la transmisión de la información? En al menos 5.000 años de memoria civilizada, esto es desde que el hombre empezó a registrar sus avances, las mayores transformaciones tecnológicas se han producido en un pequeño fragmento del tiempo más reciente. Si el conjunto de las civilizaciones humanas ocupase un año, la revolución tecnológica que se inicia entre mediados y finales del siglo XIX, y que parece no concluir, ocuparía apenas los once últimos días, menos de dos semanas.

Ha sido apenas en los últimos dos días, a partir de los años '60, cuando se produce el desarrollo de las telecomunicaciones hasta alcanzar a transformar la civilización en lo que hoy conocemos como Sociedad de la Información. Se trata de un salto que hay que explicar.

Si observamos el gráfico en el que sintetizamos la evolución de las tecnologías de la comunicación y la información, podemos observar cómo las sucesivas tecnologías posibilitaron en primer lugar la simple comunicación interpersonal: la escritura, el papel, los primeros libros anteriores a

la imprenta, ponían en contacto a un emisor con
un receptor.

El desarrollo de la imprenta, la prensa y luego
los medios de comunicación basados en la transmisión por ondas eléctricas abrieron un camino
nuevo, sobre todo a partir del siglo XIX, al posibilitar lo que hemos denominado la *comunicación
de masas*. Mediante la cual uno o pocos emisores
se ponen en comunicación con un número creciente de receptores, cuyas posibilidades de
feedback son cada vez más reducidas, frente a lo
que ocurría con la comunicación interpersonal.

La televisión es sin duda el medio de comunicación de masas que en mejor medida ha expresado, a partir de la segunda mitad del siglo XX, este fenómeno.

Sin embargo, el salto que se produce a partir del desarrollo de las telecomunicaciones, que se inicia en los años '60, supone al menos en apariencia la materialización del sueño de los hombres en relación con la comunicación; pues al tiempo que se incrementan las posibilidades de la comunicación de masas, se hace posible no sólo la respuesta, o feedback, a esas comunicaciones masivamente emitidas, sino que además es teóricamente posible la intercomunicación individual entre todos los individuos del planeta.

En este marco, la red de redes Internet constituye el paradigma de la nueva Sociedad de la Información. En ella se concretan (¿podemos decir exactamente que *'se materializa'* porque, aunque se sustenta en redes materiales de fibra óptica o incluso todavía de cobre, el contenido de la Internet es inmaterial, está en nuestra mente?) aquellas previsiones de McLuhan y Teilhard de Chardin a que hacíamos referencia.

Conociendo las características de Internet estaremos en mejor disposición de conocer tanto los elementos determinantes de las nuevas tecnologías, como la forma en que éstas vienen impactando impactan en la sociedad desde finales del siglo XX[21].

---

[21]Hasta tal punto que Internet se nombra sin artículo determinativo, no siendo un nombre propio. Hablamos de la red ARPANET, en España de la Red Iris, de la red conmutada de comunicaciones, de *'el'* protocolo de comunicaciones A, B o C, como de la Biología, la Genética, la energía nuclear... Sólo con Internet, como con Dios, utiliza nuestra lengua esa forma de expresión.

Definiendo Internet

En tanto que objeto de investigación, Internet puede ser definido como una red informática y multimedia de comunicaciones de ámbito mundial, que globalmente no pertenece, ni está controlada, por nadie, y a la que cualquier persona puede incorporarse conectándose a un proveedor de acceso a la red. Pero puede, y debe, ser abordado en tanto que tecnología, en tanto que organización, y en tanto que institución.

Internet como tecnología

En tanto que tecnología, Internet no es algo fácilmente asequible. Podemos asimilarlo, en este sentido, a otras tecnologías sociales (inmateriales, por tanto), como la burocracia, pero al contrario que la burocracia sus aspectos técnicos escapan de lleno a la cualificación del sociólogo (no del comunicólogo, que ha de comprender los conceptos).

Internet como tecnología no es otra cosa que un conjunto de estándares, y protocolos de comunicación cliente/servidor, que permiten la interconexión entre ordenadores de todo el mundo, y el acceso a servicios como el correo electrónico, la transferencia de ficheros y a "la red del ancho mundo" (*World Wide Web*).

Internet como organización

Internet incorpora por completo los elementos que dan contenidos a la definición de organización. En este caso se trata no tanto de *una* organización, como de una organización de organizaciones, asociadas para el logro de un fin común (la interconexión), que establecen relaciones formalizadas (protocolos), con pretensión de continuidad en el tiempo, y existiendo la posibilidad de sustitución de sus propios miembros.

En tanto que organización, Internet responde a una serie de principios organizativos que aseguran su funcionamiento. Son principios que derivan de los estándares técnicos que satisface el sistema, pero que tienen una clara proyección social:

1.   *End to End* (que podría traducirse literalmente como *"de extremo a extremo"*, pero cuya traducción más apropiada sería la de *"Los extremos deciden"*). Significa que todo el control de la comunicación se aglutina en los extremos, los cuales emiten y reciben la información troceada, auto-buscando ella misma (o más exactamente el impulso que la guía) el mejor camino posible.

2.   *IP over everything* (que podemos traducir como *"Protocolo Internet por encima de todo"*). Expresa la necesidad, para que el sistema funcione, de utilizar un mismo protocolo de comunicaciones en toda la red, con independencia de la tecnología concreta utilizada en cada punto de acceso. Esto, sea cual sea el procesador que mueve la máquina que se conecta, y sea cual sea su sistema operativo.

3.   *Global Connectivity* (conectividad global). Este principio expresa la base última en que descansa el sistema: la conectividad de los usuarios es el motor mismo que desarrolla

la red, en bola de nieve

Como organización, Internet merece ser analizado como cualquier otra organización, pues adolece exactamente del mismo tipo de problemática.

Así, encontramos problemas relacionados con la propiedad y el control; la dialéctica público/privado es, sin duda uno de los aspectos que durante más tiempo van a ser debatidos en relación con Internet, pues de hecho hoy presenta una situación realmente ambigua al respecto. Pues descansa en elementos infraestructurales tanto públicos como privados. El desarrollo de la red en países como China, no menos ambiguos en su configuración política y económica, está haciendo aflorar de forma especial los problemas derivados de esa dialéctica público/privado.

También encontramos, lógicamente problemas de autoridad y poder como en cualquier otra organización. Tanto en lo que se refiere a la propia gestión del sistema (gestión de dominios, por ejemplo, un aspecto crecientemente complejo), como en lo que se refiere a aspectos organizativos dentro de la red (gestión de espacios públicos de comunicación, orden público dentro de chats, foros, etc.)

Precisamente la dinámica derivada de la comunicación, tanto sincrónica como asincrónica, permite abordar otro tipo de problemas propios de las organizaciones sociales: los aspectos formales e informales de la organización. Siendo precisamente Internet un tipo de organización (tanto en cuanto que organización de organizaciones, que en lo que a cada organización, o red local, en particular se refiere) en la que los aspectos informales de la organización (la ayuda entre desconocidos, por ejemplo) alcanzan auténtica preeminencia, y deben por tanto ser estudiados. Pues a menudo los canales informales ayudan a resolver, por ejemplo, conflictos organizacionales, otro aspecto del estudio de las organizaciones que en el caso de Internet es particularmente importante.

Por otra parte, son numerosas las consecuencias imprevistas de la acción social que encontramos en este tipo de organización: la Sociología de Internet tiene mucho que decir al respecto.

Internet como institución

De nuevo en este ámbito responde Internet milimétricamente al concepto institución social, esto es: una estructura relativamente estable de papeles sociales que los individuos desempeñan, según formas socialmente sancionadas y unificadas, con objeto de satisfacer necesidades sociales importantes.

Encontramos, como en toda institución social, tanto funciones manifiestas como latentes, según el esquema de Merton. Así, entre las funciones manifiestas están las de favorecer la interacción (sociabilidad), la educación, la comunicación de masas, el ocio, la producción (teletrabajo), el consumo (comercio-e). Pero también encontramos otras funciones latentes, no siempre reconocidas explícitamente: como es la legitimación de las ideologías de globalización económica; su utilización para el control social; su condición de expresión de la desigualdad; su naturaleza de arena de los conflictos sociales; y ello sin olvidar su creciente papel en la promoción del consumo.

En el capítulo siguiente profundizaremos en dichas funciones. Pero ahora hay habría aspectos fundamentales a considerar. Internet, ¿es realmente una institución social...o simplemente virtualiza las instituciones sociales? Esa es la primera gran pregunta que aún no ha sido respondida de una forma clara y definitiva. Es en esta dimensión en la que se plantean los principales desafíos epistemológicos para enfrentarnos con éxito al fenómeno, aspectos que tan sólo quiero dejar ahora apuntados.

Por un lado, debemos decidir si nos enfrentamos a la virtualización o bien a realidades inmateriales de una naturaleza nueva, y que por tanto hay que operativizar.

Por supuesto que el arte, la filosofía, son realidades inmateriales que ya podían ser compartidas sin necesidad de un sostén material (puede comentarse un libro, un cuadro, una película, sin que el interlocutor la haya visto, ni la tenga presente físicamente), pero sobre esto es (hay un acuerdo general sobre ello) distinto. Nos enfrentamos no a un relato oral, sino a simulaciones sensoriales programadas, a procesos de interacción con roles sin encarnación definida (chats, muds, etc.), incluso a la virtualización del desplazamiento espaciotemporal. ¿Qué hace distinto a todo esto?. Lo cierto es que el Arte empieza a atisbar la dimensión de este nuevo hecho social, pero la Filosofía (que sigue al Arte en la comprensión de las cosas, y las convierte en conceptos operativos para la ciencia social) no termina de darnos una respuesta que vaya más allá de las metáforas que todos manejamos siguiendo a Teilhard de Chardin.

El mismo tipo de problemática nos plantea el propio acotamiento del espacio social de la red: ¿Es un espacio delimitable, abarcable, con flujos distinguibles, con límites físicos a su expansión...o es un espacio que tiende a la infinitud, socialmente inabarcable y sociológicamente incomprensible en su conjunto?

Queda, por tanto, mucho que pensar todavía en el ámbito de la Filosofía y la Epistemología. Pero entretanto nos vemos ya compelidos a analizar las consecuencias del fenómeno, de ahí la necesidad de, siquiera improvisar, una Sociología de Internet.

Sociología de Internet

En realidad, la Sociología mantiene un pesado lastre, como ciencia social específica de la Sociedad Industrial, de forma que le está costando mucho el papel que le corresponde en el análisis y explicación de los fenómenos relacionados con las nuevas tecnologías de la información. En España podríamos contarnos con poco más que los dedos de una mano los sociólogos que realmente trabajamos en este tema[22], aunque como compensación el número empieza a ser creciente en el conjunto de la comunidad hispana, con núcleos de investigación fuertes en Argentina, México y Chile.

Por otra parte, el ímpetu con que ciencias más jóvenes, como la Antropología Cultural o las Ciencias de la Información y la Comunicación, han entrado en el estudio de dichos fenómenos, unido al fuerte peso que los paradigmas individualistas (especialmente el interaccionismo simbólico y las teorías del intercambio) tienen todavía en el conjunto de las Ciencias Sociales, está provocando además una no estéril pero sí redundante especialización en temáticas transdisciplinarias muy interesantes pero a la vez muy limitadas, como la cultura web, las ciber relaciones o las ciber comunidades, no prestando la necesaria atención a las principales y clásicas áreas de la

---

[22]Un lustro más tarde podría seguir haciéndose casi la misma cuenta. Aunque se han acercado algunos otros colegas, han huido rápidamente, *escaldados* por las dificultades epistemológicas y metodológicas, y también (¿cómo no?) porque no es, todavía, un tema bien valorado en la Academia (esto es, en las redes de poder que controlan la Sociología académica).

Sociología, que siguen estando tan valiosas en la Sociedad de la Información como lo han sido en la Sociedad Industrial (Baigorri, 2000).

En cierta forma, la Sociología hasta ahora se ha limitado a actuar como subsidiaria de los estudios de mercado, o como débil marco conceptual de algunos estudios etnográficos (más que antropológicos propiamente dichos) sobre hábitos y costumbres en las 'salas' de chat.

Sin embargo, pensamos que la Sociología, que fue capaz de explicar la Sociedad Industrial a una sociedad asustada por sus más agresivas u tempranas manifestaciones (urbanización, movimientos de masas, desviación y anomia, conflictos de clase, estatalización de las relaciones sociales, etc.), sigue siendo el instrumento ideal para explicar a la sociedad contemporánea los profundos cambios que se están produciendo. Sólo el conocimiento permite superar el pavor hacia el desarrollo tecnológico. Lo que implica que, en su desarrollo como Cibersociología, para cumplir su auténtico papel como Ciencia no puede limitarse a ser un mero instrumento propagandístico de la inevitabilidad y la bondad de la red, o de la *sociedad red*, sino que debe mantener su función de mirada fría, desprejuiciada, y en consecuencia crítica, sobre la sociedad.

En este sentido, si hay un tema en el que la Sociología puede seguir jugando un papel esencial en la Sociedad Telemática es el de la desigualdad. Lo que ha sido denominado por algunos autores *"el discurso neoliberal de la tecnología"* (Armitage, 1996), incluso como una cierta forma de totalitarismo (Virilio, 1996) que se limita a loar las virtualidades de las Nuevas Tecnologías de la Información (NTI), está funcionando como denso arbolado que no deja ver el bosque. Sin embargo, como muy atinadamente resalta Jeremy Rifkin, mientras que un quinto de la población mundial está migrando hacia el ciberespacio, para el resto la preocupación principal sigue siendo la lucha por su supervivencia, y el acceso a bienes informacionales básicos: cuando en torno al 60% de la población mundial no ha recibido nunca una llamada telefónica, y en torno al 40 % ni siquiera dispone todavía de energía eléctrica, debemos plantearnos si nos estamos ocupando de los asuntos realmente importantes (Rifkin, 2000).

En este marco nos aparece la gran fractura social que va a caracterizar las primeras décadas del siglo XXI: la división entre *info-ricos* y *info-pobres*, esto es, entre quienes tiene y entre quienes no tienen acceso a los bienes de la Sociedad de la Información (Baigorri, 1998). Una *fractura* que no se produce únicamente entre sociedades desarrolladas y subdesarrolladas, sino entre grupos sociales dentro de ambos tipos de sociedades (Pruett, Deane, 1998).

Pero las nuevas tecnologías de la información, y dentro de ellas específicamente la World Wide Web, o Internet, plantean además otro tipo de desafíos al análisis social.

Junto a la evidencia de que modifican en profundidad la forma en que nos relacionamos y nos comunicamos, los mecanismos de la producción y difusión del conocimiento, e incluso las formas de organización social en ámbitos como la economía y la política, y que ese conjunto de efectos van a contribuir a una creciente democratización mundial, se observan elementos que conducen a algunos observadores a considerarlas un elemento distorsionador e incluso desestructurador de la sociedad, que fomentan o consolidan las desigualdades sociales y facilitan el control social por parte de los grupos más poderosos.

Sin embargo (especialmente a medida que avanza la investigación empírica) se hace cada vez más palpable la escasez de construcciones teóricas que permitan a los estudiosos sociales disponer de un marco en el que ubicar sus investigaciones. Mediante un recorrido por los principales *temas* sociales de Internet, podremos observar tanto las tendencias en lo que a su impacto social se refiere, como los aspectos sobre los que probablemente se centrará la investigación en los próximos años.

En la última parte nos detendremos precisamente en el tema ya citado de la desigualdad, como ejemplo de las líneas de trabajo y de los descubrimientos que la Sociología viene haciendo.

Historia Social de Internet

Decir que Internet tiene un origen militar, como se argumentaba inicialmente al mirar esta tecnología con ojos críticos, es cuando menos engañoso (Pedreira, 1998), aunque a la vez no es menos cierto que si aplicamos ese principio a buena parte de la tecnología humana.

En 1957, en plena Guerra Fría, la URSS lanzó el primer satélite artificial, el Sputnik, y como respuesta a este avance tecnológico el Departamento de Defensa de los Estados Unidos crea la Agencia de Proyectos de Investigación Avanzada

(ARPA), con el fin de fomentar el desarrollo tecnológico aplicable a la defensa[23]. En la Rand Corporation y en el MIT reciben generosos fondos para proyectos de investigación relacionados con las redes de comunicaciones, y con cargo a la ARPA se produce en 1965 una primera conexión en línea entre un laboratorio del MIT, en Massachussets y otro de California, utilizando una línea de teléfono exclusiva, a una velocidad de transmisión de 1.200 bps (en la actualidad se realizan transmisiones a 10,000.000 bps, aunque nuestras conexiones normales a Internet se producen a una velocidad máxima de 115.000 bps)[24].

En 1967 se diseña el primer plan ARPANET, y en 1969 se establecen cuatro nodos de comunicación, todos ellos universitarios, a una velocidad de 50.000 bps: la UCLA, el Instituto de Stanford, la Universidad de California en Santa Bárbara y la Universidad de Utah. Dos años después eran 15 los nodos, y sólo a partir de entonces aparecen organismos militares como la NASA -en (Zakon, 1999) puede verse una ajustada historia de Internet-.

A partir de ese momento el número de centros de investigación conectados a ARPANET se dis-

---

[23]Como no podía ser de otra forma, Internet está lleno de "Historia's de Internet", casi todas basadas en la misma. Pero por un lado, cuando a finales del año 2000 se hizo la primera redacción de este texto la Historia no estaba tan sistematizada y difundida; y por otro lado, es necesaria esa revisión histórica desde la perspectiva de la historia social para mejor ubicar otros apartados ulteriores.
[24]Por supuesto, estas velocidades de transmisión son, para las clases medias occidentales, casi prehistóricas, pero siguen estando plenamente vigentes para millones de infra conectados.

para. En 1973 se realizan las dos primeras incorporaciones de unidades externas a los Estados Unidos, centros de investigación de Inglaterra y Noruega; se empieza a trabajar en la red ETHERNET; Francia empieza a desarrollar su propia ARPANET, denominada CYCLADES. El diseño de protocolos de comunicación, instrumentos de conexión y control de los sistemas, mejoras en la fiabilidad de las redes, se multiplican en los años '70. En 1975 (hace un cuarto de siglo) se desarrolla el primer programa realmente efectivo de correo electrónico, y se hacen las primeras pruebas de conexión de redes (entre Hawái e Inglaterra) a través de un satélite; a finales de la década la red de comunicaciones científicas en tiempo real TELNET es una realidad.

En 1979 se inicia el desarrollo de USENET (UUCP), en 1981 de BITNET, CSNET..., en suma nuevas redes, normalmente orientadas a la comunicación científica, que van complementando y mejorando la originaria ARPANET. En ese mismo año Francia despliega su red MINITEL, a través de France Telecom, que constituye el primer intento de utilización comercial de la red, y sobre todo de extensión de esta a una parte importante de la población, aunque a la vez a supuesto, a la larga, un retraso en la incorporación de la sociedad francesa a Internet. Pero, en cualquier caso, por primera vez una persona puede desde su casa comprar unas entradas para el teatro, un billete de avión o incluso los servicios de una prostituta (Minitel provocó la primera eclosión del imaginario social en torno a lo que ahora denominamos cibersexo). Parecía hacer realidad el sueño de todos los futurólogos de los años '60. Entretanto, en 1980, se produce la primera gran caída de la red ARPANET provocada por un virus informático.

En 1982 se define el protocolo TCP/IP, mediante el cual hoy nos conectamos todos a Internet, sea cual sea el origen de nuestra conexión, por lo que podríamos establecer en esa fecha el auténtico nacimiento de Internet, esto es del proceso por el cual aparece una 'red de redes'. En los años siguientes seguirán apareciendo otras redes, como EUNET, FIDONET, EARN, JUNET, NSFNET, etc., tanto funcionales como espaciales, esto es relacionadas con espacios geográficos o espacios de interés, y en 1984 se introduce el Sistema de Nombres de Dominio (DNS), como forma de identificar cualquier punto de Internet.

Será en los años '80 cuando se produzca el auténtico boom de las telecomunicaciones, aunque haya sido en los '90 cuando realmente se han empezado a universalizar y popularizar.

En 1978 el tecnólogo James Martin había publicado *The Wired Society*, en la que se avanzan buena parte de las preocupaciones que a caballo del cambio de siglo han entretenido a los observadores, introduciendo conceptos como el de las *nuevas autopistas de la información*, y planteando problemáticas que todavía hoy están de plena actualidad, como la falta de control democrático o las desigualdades en el acceso (Martin, 1980). Son abundantes los informes y documentos de esa época que divulgan tanto las posibilidades que se abrían a la Humanidad, como los desafíos de orden organizativo y político, económico, tecnológico e incluso moral que habrían de plantearse.

Pero será de nuevo un trabajo de Toffler, *La tercera Ola*, la que marcará la línea de reflexión durante décadas, en mucha mayor medida de lo que en ocasiones se reconoce por parte de muchos que directamente se han inspirado en ella (Toffler, 1980).

Esta obra, de la que sí podemos decir con propiedad que es comparable en términos históricos a *La riqueza de las* naciones de Adam Smith, *El Capital* de Marx, o *La división del trabajo* social de Durkheim, facilita, al igual que éstas lo hicieron respecto de la Sociedad Industrial, la comprensión del marco global en el que emerge la Sociedad Telemática. Sobre todo, porque extrae de los cambios tecnológicos e informacionales que se están produciendo las consecuencias organizativas (esto es, políticas y económicas), medioambientales e incluso demográficas que apuntan, así como abre caminos sobre cómo enfrentarse a ellas, en la medida en que ofrece un modelo de interpretación, bastante ajustado al citado modelo POET+*i*. Y todo ello sin perder la consciencia de que *"resulta muy difícil definir de una forma precisa la nueva revolución, puesto que aún estamos viviendo en ella"* (Toffler, 1983:26).

Ya se viene adquiriendo, por tanto, conciencia del significado de los cambios, cuando, volviendo a nuestra sinopsis de la historia de la Internet, se envía -en 1987- el primer e-mail desde China hacia Occidente (a Alemania). A partir de ese momento, aunque no dejarán en ningún momento de introducirse mejoras técnicas, de forma cada vez más acelerada, lo más significativo va a ser el crecimiento sostenido y exponencial en el número de hosts (puntos de conexión a la red de redes).

Precisamente la aparición, y rápida generalización, del ordenador personal, a partir de las aportaciones sucesivas de Apple, Spectrum, y sobre todo del IBM PC, supuso de nuevo un salto no sólo cuantitativo, sino también cualitativo, al hacerse viable la conexión doméstica a las redes telemáticas. Algunos autores sitúan justamente en 1989 el nacimiento de la Red Mundial (World Wide Web), cuando fueron utilizados por primera vez los protocolos de transferencia de hipertexto a través de Internet (Cerf, 1997); y no fue en los Estados Unidos, sino en Europa, en el CERN (Centro Europeo de Investigación de Partículas).

Los años '90 se iniciarán con la defunción definitiva de la primera red, ARPANET, que llegó a tener comunicados entre sí a más de 300.000 ordenadores de todo el mundo, y el rápido crecimiento de Internet tal y como lo conocemos en la actualidad. España acababa de incorporarse justamente en 1990 a ARPANET, a través de la red IRIS[25] que todavía conecta entre sí a las universidades españolas. Aparecen las primeras redes específicamente orientadas al comercio, se incrementa progresivamente la velocidad de acceso, se incorporan definitivamente los modos gráficos, y sobre todo los navegadores que nos permiten

---

[25]La incorporación de España a la red pública Internet no se produciría hasta 1996, cuando Telefónica *inventa* una seudo red gratuita (exceptuando la llamada de teléfono con tarifa metropolitana), denominada Infovía, que en pocos meses no tuvo otra utilidad que la de servir de intermediaria para el acceso a Internet. Lanzada en enero de 1996, un año más tarde tenía unos 130.000 usuarios, pero el 80% de las llamadas no se hacían para navegar por una Infovía en la que apenas había nada, sino para conectar a través de servidores de pago a Internet. Apenas cuatro años más tarde, todo eso era ya un recuerdo muy lejano para los usuarios de la red.

buscar recursos. En 1993 aparece la primera versión en modo gráfico del navegador Mosaic, lo que permitió la incorporación de usuarios no especialistas, consiguiendo así que Internet fuese realmente operativo para el gran público.

En 1994 aparece el primer ciberbanco, First Virtual, y también se registra el primer robo bancario a través de Internet (Vladimir Levin, desde San Petersburgo, transfirió varios millones de dólares del Citibank a su cuenta). Ese mismo año es posible por primera vez encargar una pizza a través de Internet en los Estados Unidos, y en ese momento prácticamente cualquier cosa puede hacerse a través de la Web.

En 1996 las nuevas tecnologías MCI permiten conectarse a velocidades de hasta 622.000 bps, y se desencadena la primera gran polémica global sobre la red, en tono a la aprobación en los Estados Unidos de la Communications Decency Act (Acta para la Decencia en las Comunicaciones) que luego sería puesta en interdicto por los jueces-.

El año 1996 será un año clave para el desarrollo de la ciber democracia. Las organizaciones de Derechos Humanos denuncian las restricciones a la Internet existentes en el mundo: exigencia de inscribirse en un registro policial para acceder a Internet en China; cortes de acceso a grupos de noticias radicales alojados en Compuserve en Alemania; autorización de acceso a Internet sólo para universidades y hospitales en Arabia Saudita; exigencia de autorización administrativa y religiosa de los contenidos que se sitúan en la red en Singapur; clasificación de los diskettes como publicaciones susceptibles de ser censuradas y limitadas en su distribución en Nueva Zelanda...

Pero del mismo modo las incursiones de hackers en organismos públicos superprotegidos se multiplican: el 17 de agosto de 1996 entran en el Departamento de Justicia de los estados Unidos, el 19 de septiembre en la CIA, el 6 de diciembre en la sede del Partido Laborista británico, el 29 de diciembre en el cuartel de las Fuerzas Aéreas norteamericanas... Al año siguiente habrá varias incursiones en los servidores del gobierno de Indonesia, en la NASA, en la sede del Partido Conservador británico, etc.

De hecho, las inversiones en la seguridad de las redes se han multiplicado en los últimos años, y con ellas los mecanismos de control de movimientos de los usuarios. En 1998 no sólo se denuncian incursiones de hackers en servidores de 'el sistema', como el Departamento de Comercio de los USA o el New York Times, sino que también son invadidos servidores orientados a la defensa de los Derechos Humanos, como la UNICEF (7 de enero) o la Sociedad China para el Estudio de los Derechos Humanos (26 de octubre), por lo que empieza a ponerse de manifiesto la utilización de hackers por parte de los servicios secretos.

En 1998 había ya 193 dominios territoriales (correspondientes, aunque no siempre, a estados nacionales, pues también ciertas colonias y espacios internacionales, como la Antártida, tienen un dominio registrado) habían sido ya registrados.

Pero lo más significativo, una vez más, es la velocidad a la que todo esto se produce. Fueron necesarios 50 años, entre 1882 y 1939, para que el acceso a las redes eléctricas se extendiese al

80% de las viviendas y factorías de los USA, y habían sido necesarios otros 50 años para que la electricidad, controlada desde 1831, pudiese ser canalizada para un uso comercial, y sólo a partir de 1907 los motores eléctricos sustituyeron masivamente a los viejos sistemas de energía basados en el vapor, produciendo profundos cambios organizativos en la producción (David, 1990).

Pero la velocidad de difusión de los avances tecnológicos se ha acelerado: la radio necesitó 38 años para llegar a 50 millones de personas; la televisión precisó 23 años; el ordenador personal (PC) apenas necesitó 16 años; y en el caso de In-

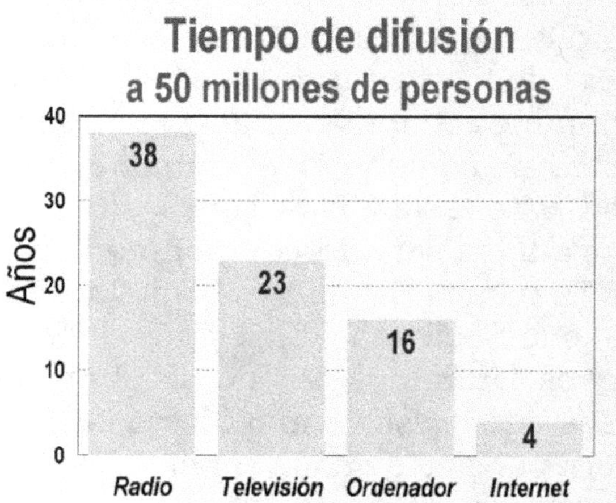

ternet el plazo, una vez que fue abierto al público en general, tan sólo fueron ncesarios 4 años que llegar a esa cifra de 50 millones de usuarios (Margherio, 1998:3), que ha seguido creciendo desde entonces de forma exponencial hasta el año 2.000.

Tal es la velocidad de crecimiento de la red, que

las estimaciones de su volumen son siempre insuficientes. El problema es que se sabe de forma bastante aproximada el número de dominios (nombres DNS) existentes, porque deben registrarse, así como el número de hosts (direcciones numéricas IP) a través de las cuales entramos en la red; pero a cada IP pueden estar conectadas luego una cifra de personas totalmente aleatoria, que puede oscilar entre una y varios cientos de miles. Paradójicamente, la tecnología que constituye el paradigma de la Sociedad de la Información es incapaz de informar con fiabilidad sobre sí misma, aunque se ha estimado que cada cien días se duplica el tráfico en la red, y todas las previsiones apuntan al mantenimiento de esa tendencia durante los próximos años. Aunque las propias prospectivas quedan obsoletas con meses de diferencia: a finales de 1999 el Computer Industria Almanach (www.cia.com), estimaba que en el año 2005 habría más de 700 millones de personas conectadas en el mundo, aunque casi 500 millones serían habitantes de Europa y Norteamérica; en enero de 2001 la consultora eT-Forecast (http://www.etforecasts.com/) incrementó en más de un 50% esas estimaciones, afirmando que estaremos conectadas 1,1 miles de millones de personas.

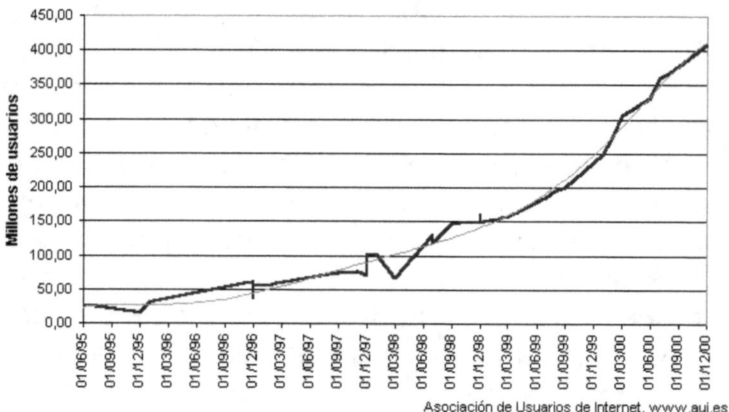

Y en los años siguientes, a pesar de la crisis que se produjo en el año 2002 -una crisis iniciada justo tras el atentado de las Torres Gemelas-, las proyecciones optimistas a medio y largo plazo han seguido siendo la tónica. Un incremento que, a pesar de haberse incorporado más tardíamente, es palpable también en España, que sin embargo ha desperdiciado los cuatro años que han sido fundamentales (1996-2000) mientras el resto de los países industriales, tanto los tradicionales como los emergentes, hacían ingentes inversiones infraestructurales para dotarse de acceso casi universal[26].

---

[26]Podemos hacernos una idea del atraso español si atendemos a un dato. Mientras que en los Estados Unidos la administración Clinton dejó en marcha un conjunto de inversiones para una Internet 3, en España el instituto de opinión pública del gobierno, el Centro de Investigaciones Sociológicas, andaba preguntando todavía a finales del año 2000 a los ciudadanos si les parecía conveniente que se realicen inversiones públicas en el desarrollo de Internet. Es obvio decir que una mayoría abrumadora decía que sí, pero es un tipo de dato absolutamente redundante, que sólo añadiría algo si esa pregunta hubiese ido acompañada de otra sobre la opinión de los ciudadanos sobre la calidad

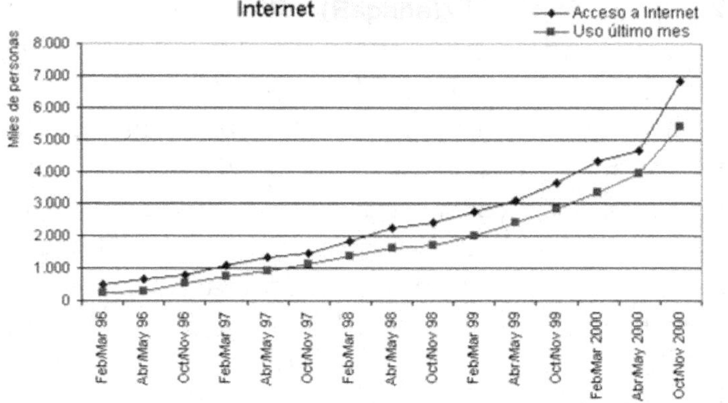

Mientras que en la Sociedad Industrial la posición que venía ocupando España en el ranking mundial oscilaba entre los puestos 10 y 13, en la Sociedad Telemática está entrando en posiciones que oscilan entre los puestos 15 y 30, según qué indicadores atendamos.

Por otra parte, el valor económico de todo lo relacionado con la red se multiplica: mientras los primeros registros de dominios habían sido casi gratuitos, en 1996 la red CNET pagó 15.000 dólares al poseedor del dominio 'tv.com', y un año más tarde el dominio 'business.com' era vendido por 150.000 dólares. Los empresarios del año fueron, entre 1995 y el año 2000, los relacionados con las tecnologías de la información, con Bill Gates, fundador y presidente de Microsoft, como paradigma del final de la era de los grandes empresarios americanos de la era industrial. En 1999 la salida a la Bolsa de Altavista, el buscador

---

de los servicios informacionales ofertados en España.

entonces más utilizado en Internet, llevó a los expertos a evaluar su valor de cotización entre los 2.000 y los 3.000 millones de dólares.

Los análisis del Center for Research in Electronic Commerce de la Universidad de Texas, en Austin, distinguieron muy tempranamente cuatro niveles de actividad económica en la red: las empresas suministradoras de la infraestructura de telecomunicaciones, como AT&T (redes), las empresas dedicadas a la aplicaciones para moverse en la red, como Microsoft (el software), las empresas que actúan como intermediarias, normalmente a través de portales y servicios en-línea, como Yahoo, y las empresas que realizan el e-comercio propiamente dicho, es decir que venden bienes y servicios a través de la red.

Pues bien, todos ellos mostraron un comportamiento positivo entre 1998 y 1999; pero es justamente el nivel más alto, el del e-comercio, el que más rápidamente evoluciona, con un crecimiento anual del 72 % en las ventas, y un 26 % en el volumen de empleos: en torno a 2,5 millones de empleos se han calculado para 1999 en los tres niveles del sector Internet, sólo en los Estados Unidos (IEI, 2000). El desarrollo del comercio electrónico presenta argumentos definitivos cuando se atiende a los costes. Un estudio realizado en 1998 sobre costes de transacciones muestra que una operación bancaria en la sucursal costaba en los USA 1,08$; por vía telefónica se reducía a 0,54 $, y de hacerse a través de Internet el coste era de sólo 0'13 $, esto es casi una décima parte.

Existe, en suma, la plena convicción de que el conjunto de las Tecnologías de la Información no sólo está modificando profundamente la forma en que nos relacionamos y trabajamos, sino que además constituye uno de los motores, si no el principal, de la economía mundial. En 1998 el director de la Reserva Federal de los Estados Unidos escribía que la creciente potencia de los ordenadores y de las tecnologías de comunicación e información eran los principales responsables del crecimiento de la economía norteamericana en los últimos años (Greenspan, 1998).

Usos y funciones de Internet

Si en el origen de Internet estuvo de por medio el Ejército, hoy podemos tener por seguro que los usos militares, policiales o similares de la red no son superiores a los de cualquier otra tecnología susceptible de ser utilizada como arma, a pesar de las abundantes *teorías de la conspiración* que circulan por la propia web.

Los usos a los que la red es aplicada nos muestran las funciones que está cumpliendo en la actualidad, más allá de su función económica de motor del sistema, a la que ya hemos hecho referencia.

Comunicación e interacción social en general

Millones de personas nos comunicamos en la actualidad a través de la red, por diversas vías. La más popular y funcional es el correo electrónico, pero tiene importancia creciente la comunicación en tiempo real mediante chats escritos, de voz o incluso de imagen (aunque las limitaciones técnicas para la comunicación con voz e imagen son todavía insalvables para la mayoría de los usuarios). Ello nos permite comunicarnos con gentes de lugares remotos a las que probabilísticamente nunca habríamos conocido, y hacerlo en tiempo real y a un coste mínimo. Muchas familias divididas por la emigración, el exilio u otras formas de diáspora pueden mantener ahora, gracias a esta tecnología, un contacto regular o incluso diario.

Las relaciones sociales a través de Internet plantean un desafío a las Ciencias Sociales, porque ponen sobre la mesa, de nuevo y con más fuerza, el debate entre mente y materia, entre idealismo y realismo, a través de un concepto nuevo, el de virtualidad, que a primera vista aparece como una superación dialéctica de ambos principios, en el mismo sentido en que Lefebvre lo expresó respecto del Urbanismo: la virtualidad como principio de realización, como tendencia a la materialidad. La Filosofía tiene por delante una tarea enorme durante las próximas décadas.

También las comunicaciones de masas tienen un espacio creciente en la red. Desde los medios de comunicación tradicionales (revistas, periódicos, emisoras de radio y de televisión) que se sitúan en línea, hasta los tradicionales panfletos políticos de todo tipo de grupos de interés, es posible encontrarlo prácticamente todo. Y en consecuencia, la red se constituye así en un espacio privilegiado para la exhibición de publicidad, hasta el punto de que muchos de los lugares de acceso gratuito se mantienen gracias a la Esponsorización, a veces ciertamente agresiva.

Producción científica

Deberíamos verlo como una forma especial de comunicación, pero la realidad es que constituye una función específica, ya que no sólo se trata de transmitirse comunicaciones, datos o mensajes, sino que a través de la red muchos laboratorios y centros de investigación, conectados entre sí, trabajan en tiempo real sobre objetos de investigación como si estuviesen en un mismo lugar físico. La red, por otra parte, ha abierto posibilidades ilimitadas de cooperación científica a centros investigadores tradicionalmente aislados de los flujos dominantes del conocimiento científico. Más aún, está poniendo en crisis tanto los sistemas tradicionales de evaluación de la excelencia investigadora como las propias jerarquías espaciales.

Educación

La red es utilizada de forma creciente como un instrumento educativo en formas diversas. De un lado, constituye una fuente inagotable de recursos relacionados con el conocimiento, que estudiantes y profesores de todos los grados sin acceso a bibliotecas adecuadas pueden obtener a bajo coste. Pero también es utilizada asimismo como aula virtual, tanto en enseñanzas profesionales de distintos niveles como en enseñanzas generales, incluso de nivel universitario. En la red uno puede aprender -gratis o pagando- desde a tocar la guitarra hasta las lenguas más extrañas.

Ocio y entretenimiento

Es sin duda, hoy por hoy, la función más importante que la red ha alcanzado, coincidiendo con la popularización del acceso. Las formas de ocupar el tiempo libre (algunas personas ocupan incluso el tiempo que no tienen), limpias o sucias, legales o ilegales, son casi infinitas. Juegos y apuestas en línea, webs dedicadas a todo tipo de hobbies imaginables, lugares para el encuentro esporádico y el ligue, y sobre todo espacios de suministro de sexo virtual en todas sus formas (desde la simple exhibición de pornografía a relaciones virtuales en directo con prostitutas). Las encuestas dicen desde el principio de la difusión de la WWW que más de dos tercios de las personas que acceden a Internet han visitado en alguna ocasión webs de sexo.

Pero también podemos hallar información sobre viajes y países, actividades de artistas y músicos, exposiciones en línea, letras y notaciones musicales, literatura, etc., generalmente gratis[27].

Comercio

Aunque el comercio electrónico es la función más recientemente incorporada a la red, su importancia crece por momentos. No vamos a ex-

---

[27]La gratuidad se ha reducido ostensiblemente en los últimos cinco años, pero no obstante permanece bajo formas ilegales, pero no ilegítimas a juicio de muchos analistas y usuarios. Las redes de intercambio P2P son la principal vía a través de la que se mantiene la gratuidad en el acceso a determinados bienes culturales a los que de otro modo amplias capas de la población usuaria de la red no tendrían acceso.

tendernos en esta función por cuanto ya nos hemos referido a ella, pero cabe señalar que el comercio electrónico, que inicialmente se circunscribía a los propios servicios ofrecidos en línea, se ha venido extendiendo a todo tipo de productos. En 1996 se celebró la Primera Exposición Universal a través de Internet, siguiendo los esquemas de las exposiciones universales, pero en modo virtual (aunque con algunos eventos celebrados en distintas ciudades del mundo).

El comercio electrónico no sólo está sustituyendo con mayor eficacia a la venta por catálogo (ahorrando entre otras cosas enormes cantidades de papel impreso), sino que, para bien o para mal, está permitiendo el acceso a bienes de consumo de otra forma inalcanzables para muchos consumidores. Ahora mismo, el número de tiendas que puede ser visitado en línea, igual desde Madrid que desde el Sáhara, es muy superior al que podamos encontrar en la mayor zona comercial de la mayor de las megalópolis del mundo (Margherio, 1998:41).

Por otra parte, en la misma medida en que Internet convierte en emisores de comunicación a todos los receptores, las unidades de consumo pasan a ser unidades de distribución, mediante los servicios de subasta de productos usados y de los servicios más insospechados (una expresión más, sin duda, del *prosumo* apuntado por Toffler como parte de la estructura productiva). Hace tan sólo unos días (hablamos de principios del año 2001) hemos podido conocer un caso que, en su carácter totalmente anecdótico, es una metáfora de la función comercial de Internet: un chico de 20 años del Estado de Washington, en el NO de los Estados Unidos, acaba de subastar su alma a través de eBay, el principal servidor de subastas del mundo; la empresa ha retirado *el alma del muchacho* de su servicio, argumentando que, según su reglamento, sólo subastan cosas *"que un vendedor pueda entregar a un comprador"*; pero lo realmente significativo es que para entonces varias personas habían pujado, la última una mujer de Iowa, a más de 3000 km, que ofrecía 400 dólares (unas 70.000 pesetas).

Teletrabajo

Estrechamente relacionada con la función comercial está el teletrabajo. Aunque considerado (desde que a principios de los '90 se le comenzó a prestar atención) como un fenómeno también derivado de las nuevas tecnologías de la información, pero específico, sin embargo se va haciendo más evidente que una parte cada vez mayor del teletrabajo encuentra su espacio productivo en Internet, que se constituye en el nuevo *taller virtual* para millones de trabajadores y trabajadoras, fundamentalmente de servicios a empresas, pero también de servicios personales.

Ya hemos hecho referencia al estudio de la Universidad de Texas, que distingue cuatro capas en el sistema productivo-e. Un primer nivel en el que están las empresas que proveen acceso a la red, y diseñan, fabrican e instalan las infraestructuras necesarias, desde los grandes ordenadores a la fibra óptica. En un segundo nivel están las empresas dedicadas al diseño de software que hace funcionar la red, y que los usuarios utilizamos para movernos por ella. En un tercer nivel están las empresas que proveen bienes (que, como la información o el conocimiento, no tienen por qué ser materiales) y servicios única y exclusivamente en el ámbito Internet: buscadores, editoriales en línea, medios de comunicación de masas en línea, centros de ocio virtual, etc. Y en un cuarto nivel se situarían aquellas empresas que utilizan Internet para vender productos y servicios que, sin embargo, se prestan en la realidad atómica y no informacional/virtual: billetes de avión, juguetes, libros, electrodomésticos, hardware, coches, pizzas, y ya todo lo imaginable. Obviamente las características del trabajo son bien distintas; por lo que en modo alguno podemos asimilar en la categoría de *teletrabajo* todas las formas de empleo-e.

No obstante, en relación con los usos y funciones de la red debemos señalar que aún no existen, a nivel global, estudios suficientemente fiables sobre la intensidad con que los usuarios acceden a cada una de estas funciones. A menudo se realizan encuestas en la propia red, pero no tienen significación estadística por cuanto todas ellas se limitan a aquellas personas que aciertan a pasar por el lugar de la encuesta y deciden responderla. De ahí la rapidez con que desde la Cibersociología se intentan desarrollar metodologías de análisis social en-línea.

Elementos para una Sociología (crítica) de la red

En primer lugar, nos centraremos en el núcleo central de toda la problemática que se plantea en torno a las Nuevas Tecnologías de la Información: ¿son tecnologías que benefician a la sociedad, esto es a la mayoría de los ciudadanos, o son oscuros y pérfidos instrumentos 'del poder' o de 'el capital'? Ese es el debate central que la sociedad se viene planteando desde mediados de los años '90 del siglo XX, y la racionalización del fenómeno puede ser, una vez más, la principal aportación de la Sociología. Pero, como veremos, hay otros aspectos sobre los que la Sociología debería trabajar en las próximas décadas.

¿A quién sirve Internet?

No podemos, hoy por hoy, dar una respuesta definitiva a esta cuestión que tanto ha preocupado, sobre todo durante los primeros años de extensión de la WWW. Apenas podemos limitamos a plantear más preguntas, nuevas preguntas, en lugar de a plantear respuestas.

Ni siquiera la gran pregunta que ha inquietado a los sociólogos durante más de un siglo, ¿a quién sirve la tecnología?, puede ayudarnos, porque Internet es un artefacto tecnológico, pero como tal no es tecnología en sí misma, sino un efecto de la tecnología. Del mismo modo que las ciudades modernas no son en sí mismas tecnologías, aunque las consideramos 'artefactos', pero son efecto de las nuevas tecnologías.

Como las ciudades, cuya territorialidad suplanta constituyéndose en ciudad virtual universal (casi como la Ciudad de Dios que imaginó Agustín de Hipona), Internet no es en sí tecnología, sino que es más bien (o es también) un medio ambiente, un nuevo medio ambiente en el que se desenvuelve la vida de un número creciente de seres humanos.

O, más exactamente aún, un aditamento que

amplía y expande el medio ambiente, el entorno vital, tal y como proponía McLuhan; tal y como la palanca es una prolongación del brazo, y la rueda lo es del pie, el *ordenador conectado* es ya no sólo una prolongación de un órgano de nuestro cuerpo, sino que lo es nada menos que de todo nuestro sistema nervioso central, lo que supone una transformación sin precedentes, pues permite la interconexión simultánea, en tiempo real, de decenas de millones de sistemas nerviosos.

La capacidad incremental de pensamiento, una forma de pensamiento global hasta ahora imposible abre puertas impresionantes e imprevisibles, pero no necesariamente apocalípticas. Pasó 1984 sin que la pesadilla orwelliana se materializase, del mismo modo que pasarán las décadas y la pesadilla expresada bajo la metáfora de Mattrix quedará olvidada.

Ese nuevo medio ambiente servirá a los individuos y grupos sociales que sean capaces de apropiarse del mismo, como antes ocurrió con los recursos naturales, especialmente a los denominados *comunes* (aire y agua). Y, en este sentido, podrá darse tanto un consumo democrático como un uso segregacionista de ese espacio. Ivan Illich propuso hace casi tres décadas el concepto de 'convivencialidad', según el cual una *sociedad convivencial* sería aquella "*sociedad en la que las herramientas modernas están al servicio de la persona integrada en la colectividad, y no al servicio de un cuerpo de especialistas. Convivencial es la sociedad en la que el hombre controla la herramienta*" (Illich, 1973:13). Hoy por hoy, y a la vista de los datos fragmentarios de que empezamos a disponer, Internet también puede contribuir a la construcción de una sociedad planetaria convivencial.

En la base de esta interpretación está uno de los puntos focales en el debate sobre la red: la *democracia digital*. Porque en la medida en que Internet esté contribuyendo, o no, a expandir la democracia, podremos decir que está al servicio de la sociedad convivencial, o al servicio de una oligarquía. Y el núcleo central es, en este punto, la posibilidad de controlar Internet, algo que, hoy por hoy, parece imposible para los estudiosos de ese tema (Kedzie, s/f).

Algunos análisis empíricos muestran la correlación existente entre los progresos democráticos en el mundo y el progreso en la red de interconexión telemática (Clift, 1998). Dicho carácter incontrolable respondería, esencialmente, a la no existencia de un gobierno mundial, y en consecuencia de leyes efectivas que afecten a los internautas, puesto que su actividad es supranacional. En no menor medida que esa misma inexistencia de una legislación mundial, o transnacional, efectiva, estaría contribuyendo, según otros autores más apocalípticos, a la intensificación de determinadas *lacras* de la globalización (Beck, 1999).

Por tanto, en base a los datos existentes, y a pesar de las profecías con las que durante años nos hemos alimentado, basadas en las vibrantes imágenes del Gran Hermano de Georges Orwell[28], y en todas las teorías de la conspiración habidas y por haber, parece que los hechos demuestran que Internet está contribuyendo hoy por hoy al desarrollo democrático en el mundo.

Es cierto que la mayor parte de estos análisis

---

[28]Hoy convertido, como casi todas las ideas, en espectáculo.

tecnológicamente optimistas llegan de los Estados Unidos, donde se observa cómo Internet está permitiendo el desarrollo de nuevas instituciones que permiten a la ciudadanía intervenir y tener protagonismo *"en esas cosas de la democracia que ocurren entre cada periodo electoral"* (Kedzie, s/f). Pero también la Comisión Europea, a la hora de elaborar su libro blanco sobre la vida y el trabajo en la Sociedad de la Información, ha propuesto tempranamente que es posible que, en esa sociedad, el pueblo sea el protagonista (EU, 1996).

Sin embargo, va a resultar costoso para la sociedad el liberarse de determinados prejuicios, especialmente de lo que algunos autores denominan el *'síndrome de Frankenstein'* (Postman, 1983).

Así, uno de los tópicos más recurrentes es el supuesto ya citado origen militar de Internet, cuando ya hemos visto que, aunque las primeras redes descentralizadas de telecomunicación en tiempo real surgen de las necesidades militares norteamericanas, es una falacia ubicar ahí el origen de Internet; pues su auténtico desarrollo se produce cuando se abre a las Universidades norteamericanas, y las más avanzadas tecnológicamente desarrollan instrumentos cada vez más potentes de interconectividad[29].

Del mismo modo, hay que poner en tela de jui-

---

[29]Lo que en absoluto supone negar las posibilidades de control, ni la evidencia del control, o la utilización militar de las redes. Como dato anecdótico, pues obviamente no puedo conocer la finalidad de la visita, mi página web es visitada una vez al año, aproximadamente por las mismas fechas, por alguien o algo que llega desde un servidor del ejército de los Estados Unidos.

cio el tópico de Internet como instrumento unívoco del mercado. Pues, paradójicamente, es el mercado lo que garantiza hoy por hoy la libertad en Internet. Sin los denominados *buscadores*, hoy convertidos en *portales*, no podemos hacer nada en la red. Navegamos gracias a que existen *puertas de embarque*, desde donde iniciar nuestro *viaje*. Pero un buscador, un portal, no es sino una página Web como otra cualquiera, en la que alguien organiza toda la información que descubre en la red, así como toda la que le es comunicada por quien tiene algo que decir. Aceleradamente se desarrollan programas que automáticamente recorren los millones de *lugares* (*sites*) existentes en la red, *apuntan* sus títulos y las palabras claves que los definen, y los acumulan en los bancos de datos de los buscadores.

Sin embargo, sin la publicidad hoy por hoy no serían viables los buscadores, pero a la vez para que sean masivamente visitados como punto de partida en la navegación, y conseguir así más publicidad, deben incorporar la máxima variedad posible de temas; deben poder satisfacer cualquier instinto de búsqueda, sano o insano, civilizado o incivilizado. Eso es lo que facilita que los lugares detestables de la red sean ampliamente visitados, pero es lo que facilita a la vez que los lugares más cultos, o críticos, puedan también *ser encontrados*; pues la clave para poder decir algo a la ciudadanía universal a través de Internet no es tener la capacidad de decir, esto es de entrar en la red, sino tener la capacidad de poder ser encontrado. De hecho, algunos estudios han puesto de manifiesto (Bergman, 2000) cómo el espacio web en el que nos movemos, a partir de los buscadores, en realidad no equivale sino a una muy pequeña parte del tamaño de Internet. A lo que se denomina la *Web Profunda* sólo llegamos navegando hiper textualmente de vínculo (*link*) en vínculo.

En suma, y paradójicamente, la vinculación de la rentabilidad de los buscadores a la publicidad vincula el desarrollo libre de la red al instrumento de manipulación más pernicioso de la sociedad capitalista. Una más de las innumerables paradojas que nos sugiere la nueva sociedad.

Naturalmente, fenómenos como la globalización de la pedofilia han sido, por poner un ejemplo lo suficientemente impactante, uno de los efectos secundarios de Internet que más ampliamente han sido difundidos y discutidos por la opinión pública. Pero hay muchos otros: al igual que las organizaciones democráticas, también las organizaciones terroristas, las sectas, las organizaciones fascistas, encuentran en Internet un instrumento de difusión y manipulación de las conciencias, y un aliento para su expansión. La interacción y comunicación entre las organizaciones del crimen organizado encuentra en Internet un instrumento prácticamente incontrolable.

Ahora bien, eso mismo ha ocurrido durante quinientos años con el papel impreso, y hemos conseguido pese todo avanzar un poquito hacia mejor en la capaz de autoorganizarnos y respetarnos mutuamente. Asimismo, Internet, cuya conformación definitiva no será en modo alguno la que ahora conocemos, nos ha de permitir llegar un poquito más allá, y ha de permitir ampliar un poco más el grupo de pueblos que pueden incorporarse a ese poquito más allá.

Hace treinta años, cuando la Sociedad Telemática ni siquiera tenía nombre, McLuhan reflexionaba sobre el impacto cultural de las nuevas tecnologías afirmando que *"En el siglo XVIII América era un país sumamente atrasado, lo que le proporcionaba una gran ventaja sobre Europa e Inglaterra. América pudo comenzar con todos los últimos desarrollos europeos sin tener que molestarse en metamorfosear y adaptar las antiguas instituciones"*. En este sentido, más de una de las sociedades del planeta que hoy consideramos subdesarrolladas dará el salto hasta situarse en los estadios medios de la Sociedad de la Información gracias a Internet, siempre que, pese a su situación de atraso económico, social y cultural, cuenten con una infraestructura tecnológica básica de partida. Así está ocurriendo de hecho con países como México, Sudáfrica, Kenia, Malasia, entre otros.

Ciertamente, como afirma el artista africano y pionero gurú del ciberespacio Olu Oguibe, debemos considerar *la persistencia de la realidad*, no dejando que las teorías sobre el espacio, la cibercultura, la cibersociedad, oculten que en ese espacio participa sólo una pequeña parte de la población del planeta (Oguibe, 1996). Y es un dato incontestable que la isla de Manhattan (una muy pequeña parte de la metrópolis neoyorquina) tiene más teléfonos que toda África. Sin embargo, incluso en los países más excluidos hay centros universitarios con algunos accesos a la red que son una puerta inmensa al mundo, como esos agujeros a través de los cuales en las películas fantásticas de los niños el protagonista se introduce en el mundo de la Magia, o en el de la Sabiduría....

Incluso debemos observar con cierta perspectiva la manumisión pretecnológica con que algunos gobiernos y grupos de poder tienen sometidos a los pueblos. Durante casi dos siglos el control de la imprenta cumplió un papel similar, pero al final explosionó, y además como siempre -ya hemos hablado del papel de la publicidad en el desarrollo de Internet- por el punto más débil del sistema: el mercado. El propio Gutenberg no era precisamente un humanista interesado en difundir el conocimiento humano; era un orfebre, un tecnólogo de vanguardia -hoy estaría en Silicon Valley- buscando encontrar un producto que le hiciese rico. Los primeros impresores que abrieron sus imprentas a los libros que revolucionaron el pensamiento y las ideas de Occidente eran a menudo simples comerciantes a quienes se les ofrecía la posibilidad de introducirse en un sector nuevo que demandaba nuevos productos.

Ciertamente los países ricos apoyan el desarrollo de los países pobres para expandir sus mercados; pero el principal mercado en expansión es hoy el de las telecomunicaciones, que además no cuestan tanto de transportar como los automóviles o los frigoríficos. Y, sobre todo, es un producto que se hace accesible a una velocidad impensable en la producción industrial.

Los ejemplos aislados se multiplican por doquier, hasta constituir una tendencia. En Camboya, 400 personas comparten una conexión a Internet en un café y todos tienen dirección de correo electrónico. El virus informático que más daño ha causado en el año 2000 procedía de un suburbio de Filipinas. La prensa informaba hace unos meses sobre la acción de un municipio de Bangladesh al que no llega la electricidad, pero donde un grupo de ayuda instaló en la escuela una turbina a la que los alumnos conectan las bicicletas; mientras, por turnos, la mitad del alumnado pedalea para generar electricidad, el resto utiliza los ordenadores.

La clave, efectivamente, está en la velocidad a la que se reducen los costes de las unidades de proceso.

En consecuencia, desde los principios del realismo tecnológico debemos huir, a priori, de considerar la Internet como la panacea del desarrollo humano, o la salvación de los pueblos desheredados del planeta. Sencillamente, como antes lo han hecho los medios de comunicación de masas electrónicos, y antes la comunicación impresa, abre una nueva oportunidad, aún más expansiva, en la que lo colectivo y lo individual se dan además la mano como nunca ha sido posible.

Decía Ortega y Gasset, comentando los entonces nuevos descubrimientos sobre la evolución, a partir de los hallazgos de Mendel, que no porque haga falta el ojo llega éste a formarse, sino que, al contrario, porque aparece el ojo se le puede utilizar después como instrumento útil. Así, el repertorio de hábitos útiles que cada especie posee se forma mediante selección y aprovechamiento de innumerables actos inútiles que por la mera *exuberancia vital* ejecutamos los seres vivientes, y en especial los seres humanos. Internet es sin duda el producto de uno de esos actos inútiles: un enredo más de inútiles individuos a quienes gusta jugar a la guerra y la destrucción. Sin embargo, puede convertirse en uno de esos instrumentos útiles que permiten un salto evolutivo en la sociedad.

Ahora bien, una correcta interpretación de este *salto evolutivo* de la especie humana exige prestar atención a otros muchos de los aspectos más problemáticos del mismo.

La nube de smog binario

El desarrollo de la Internet plantea serios problemas relacionados con el exceso de fuente emisoras; las limitaciones que para la validez del conocimiento provoca el hipertexto circular (dando vueltas sobre lo mismo, o las copias de copias); la incapacidad del público para discernir la validez de las fuentes (¿lo que se ve en Internet existe, o sólo existe tal y como lo que se ve en TV?); el *spam* publicitario; la expansión inabarcable de las redes sociales (la cuestión a dilucidar es tan simple como la siguiente: ¿para qué queremos hablar con un chino?)... Todos estos son problemas cuyas manifestaciones deberemos conocer en los próximos años.

La cuestión de la identidad

Los problemas relacionados con las identidades colectivas, puestos de manifiesto por la globalización, alcanzan su máxima intensidad en el marco de la Internet. Problemas como la ciudadanía nacional frente a la net-ciudadanía global; la propia discusión sobre la realidad de un *global way of life* o la persistencia imperial del *american way of life*; la perversión de los idiomas, y con ellos del propio conocimiento, multiplicada por los efectos de las traductoras telemáticas; el fenómeno de la recuperación de identidades perdidas por las diásporas demográficas...[30]

Anomias y perversiones

Además de uno de los primeros problemas detectados con la popularización de la red, la adicción, la investigación social debe enfrentarse a fenómenos como el superdesarrollo del cibersexo, la ciber prostitución y la explotación de la miseria (más allá de la pornografía infantil); la utilización de la red como altavoz libre del terrorismo y el fascismo; o el uso de la red como instrumento de fijación de objetivos para el linchamiento colectivo.

La web-taller

El teletrabajo hemos visto que es uno de los *usos* cada vez más importantes de Internet. Pero si ya de por sí el teletrabajo plantea una serie de problemas de aislamiento socio-laboral, ruptura de la división entre tiempo de trabajo/tiempo de ocio, disolución del ámbito doméstico en el ámbito laboral, con independencia de otros aspectos relacionados con la higiene y la seguridad, el teletrabajo en el ámbito de Internet plantea problemas de mayor enjundia, tanto de tipo organizativo como social.

La metáfora de *Mattrix*, en la que los seres humanos viven conectados a un sistema extractor

---

[30]La paradoja es que **en** Internet destrozamos los idiomas universales (no sólo ocurre al español, sino también al inglés), pero a la vez tenemos la posibilidad de aprender en toda su pureza idiomas que, muy probablemente, en una o dos generaciones habrían desaparecido, e incluso idiomas que ya no están en uso.

de energía sin una vida real, sino virtualmente programada por los propios ordenadores que han sometido a los humanos, debería sugerirnos una serie de líneas a través de las cuales profundizar en la problemática del *proletariado informacional*.

La urbe global

Internet consolida, y a la vez modifica, la estructura del espacio social. El planeamiento urbano de las ciudades está ya siendo modificado, en los lugares centrales del planeta, como consecuencia de algunos de los efectos de Internet que hemos comentado.

En la medida en que cada vez más actividades pueden realizarse a través de Internet, el concepto de centralidad varía sustancialmente. Pensemos que, ahora mismo, una persona que resida en un pueblo rural de una zona atrasada, pero que esté conectada a la red, participa en mayor medida de los beneficios de los espacios centrales que una persona que viva en la periferia de la metrópolis, pero no tenga acceso a la red.

Pero también está modificando profundamente el propio paisaje urbano a nivel planetario, por cuanto permite romper con la dinámica jerarquizante de la sociedad industrial (Baigorri, 1998b).

Democracia y control social

Tan lejos, como ya he apuntado, de la crítica *luddita* como del ciber optimismo radical (o ciber papanatismo), una cuestión al menos tan importante como la de la desigualdad es la que se ha impreso con tinta indeleble en el imaginario colectivo del final del siglo: la de quién controla Internet, y si la red puede convertirse, como auguran algunos críticos, en un nuevo instrumento de control social, en la medida en que *lo saben todo de nosotros* (¿quién? deberá ser en consecuencia la pregunta que la investigación social deberá responder), pueden controlar todos nuestros movimientos (¿quiénes, y con qué objeto?, habrá que averiguar), y la censura ideológica puede seleccionar los contenidos realmente accesibles en los buscadores[31].

O si, por el contrario (o también) es una herramienta que profundiza la democracia en la medida en que, como apuntan no pocos tecnólogos, no hay capacidad virtual para un control eficiente de la red, hoy por hoy, por su carácter crecientemente caótico; en qué medida introduce efectivamente una conciencia planetaria, ese sentido de ciudadanía global de que hablábamos; en qué medida es un espacio en el que difundir las ideas de los grupos más marginados por el *stablishment*; y, muy especialmente, en qué medida posibilita formas efectivas de democracia directa.

Internet primitiva

Con los temas apuntados, no se agotan en modo alguno los tópicos de interés para la Sociología, pero se señalan los más importantes y urgentes. Junto al de la desigualdad, al que he preferido dedicar un capítulo específico, por cuanto constituye, a mi juicio, el principal desafío.

---

[31]Todo el *mamotrético* trabajo de Castells puede resumirse en esta simple idea: la red se convierte en una especie de máquina que controlará nuestras vidas. ¿Algo nuevo bajo el sol?

En buena parte, el auténtico y definitivo efecto que Internet tenga en las sociedades humanas va a depender de si somos capaces de comprender esos procesos. Pues los problemas (temas) que observamos en la red son, sencillamente, los de la sociedad toda.

Por todo ello, no podemos decir que Internet sea una metáfora: Internet es la expresión y el reflejo de la sociedad, y lo será aún en mayor medida en el futuro, pues en realidad la Internet que conocemos no es sino el equivalente a los primeros telares de finales del siglo XVIII. Para bien, y para mal.

La Fractura Digital

La conciencia sobre la desigualdad en el acceso a Internet tiene su origen en una acción política: la voluntad de la administración Clinton por dotar de acceso a las NTI a todos los norteamericanos. Un proceso que se inicia en 1993, y que toma fuerza un año más tarde, cuando las redes, el hardware y el software confluyen en la posibilidad real de un acceso popular, a partir de la introducción del primer programa gráfico de navegación, Mosaic (Hoffman, Novak, 1999).

Mientras en países como España los gobiernos se dedicaban a privatizar las redes de telecomunicaciones, y posibilitar que las grandes corporaciones telefónicas dedicasen sus cuantiosos beneficios a la especulación financiera internacional en lugar de a dotarse de infraestructuras apropiadas, el presidente Clinton se comprometía a que en el año 2000 cada clase y cada biblioteca de los Estados Unidos tuviese un acceso rápido a la red, y que eso ocurriese también, en el año 2007, en todos los hogares norteamericanos (Clinton, 1997). Para ello, la propia Administración abordó un análisis en profundidad del estado de las redes y del acceso tanto de las instituciones, como de las empresas y la ciudadanía[32].

Los primeros análisis sobre el acceso a las NTI mostraron entonces lo que se ha denominado la

---

[32] En 1997 hice una estancia en la Universidad de Illinois en Chicago. Hice los contactos para gestionar la estancia desde el único ordenador conectado a Internet que había en mi Facultad. En Chicago llené mis diskettes de 3,5" de artículos descargados en los numerosos ordenadores conectados que había en la Biblioteca de la Universidad pública.

digital divide (y cuya traducción más adecuada y menos confusa creemos que es la fractura digital). Sobre la denominación anoté el comentario que se recoge en el siguiente epígrafe en la web del I Congreso del Observatorio de Cibersociedad (2002) en cuya organización participé[33].

¿Brecha o fractura?

Los términos de *info-ricos* e *info-pobres*, fácilmente traducibles del inglés, popularizados por el geógrafo y urbanista Peter Hall a mediados de los '90, recién abierto Internet al gran público, fueron una forma rudimentaria de expresión de las desigualdades en la red, que no pocos utilizamos en nuestras primeras aproximaciones al tema.

Sin embargo, a partir de los informes encargados en 1995 por el gobierno Clinton sobre el estado de Internet en los EEUU, difundidos ampliamente a finales de la década, un nuevo término anglosajón aparece: la *'digital divide'*. La traducción literal del término sería la de *división digital*, y ese era en realidad el espíritu de aquellos informes: mostrar una población dividida entre quienes tenían acceso, y quienes no lo tenían a las Nuevas Tecnologías de la Información (NTI), es decir mostrar dónde se hallaba la línea de división entre los conectados y los desconectados.

Quienes hemos empezado a manejar y desarrollar esos conceptos en la comunidad hispana hemos optado por dos términos que, siendo sinónimos en ciertos contextos, no son exactamente

---

[33] http://www.cibersociedad.net/congreso/foros/g12/g12_d.htm (12 de Septiembre a las 12:39 GMT)

iguales y, en cualquier caso, pueden prestarse a confusión: *"brecha digital"* y *"fractura digital"*.

Uno de los principios para el avance de la ciencia es la unificación terminológica, por lo que, siendo en principio anodina una discusión de ese tipo, aun así me parece necesaria.

Personalmente defiendo la utilización del término *"fractura digital"*, aun cuando sea hoy por hoy minoritario. Es el término *("fracture numerique")* utilizado en la comunidad francófona; la identidad semántica entre el francés *'fracture'* y el español *'fractura'* es total. En catalán y en portugués se utiliza ampliamente justamente la misma expresión, *"fractura digital"*. En italiano se utiliza ampliamente el mismo término, como *"frattura digitale"*, mientras que el de brecha *('breccia')* no aparece. Simplemente, a mi juicio, el término *"brecha digital"* es una mala traducción que ha tenido éxito en Hispanoamérica porque es menos duro.

Esencialmente, me parece que mientras la palabra brecha recoge más o menos el espíritu del *'digital divide'* (aunque en dicho caso sería más sensato utilizar directamente la *traducción 'división digital'*), sin embargo, la palabra *fractura* recoge toda la carga semántica sociológica que atribuimos a ese término: es decir, el factor de desestructuración (fractura de la estructura, como en la fractura ósea) que en realidad es. Un nuevo factor de estratificación, y por tanto de fractura social.

Las primeras mediciones

En 1995 una encuesta masiva mostró las profundas desigualdades en el acceso a la red entre la Norteamérica urbana y la rural (McConnaughey, Nila, Sloan, 1995), siendo las tasas de acceso a ordenadores y módems en las zonas rurales la mitad que en las urbanas; pero también apuntaba ya la fractura existente entre la media de las zonas urbanas y las zonas urbanas centrales, esto es los barrios pobres de las grandes ciudades. En 1997 una nueva encuesta introdujo variables socioeconómicos mucho más detalladas, y puso de manifiesto cómo mientras la brecha entre zonas rurales y urbanas se estaba cerrando, por el contrario se venía ampliando la fractura social entre las clases sociales y otras formas de estratificación social; los perfiles de *menos conectados* que señala el estudio como más significativos son los pobres rurales, las minorías étnicas de las zonas rurales y los barrios pobres de las ciudades, y las mujeres en hogares monoparentales (McConnaughey, Lader, 1998).

Las grandes fracturas globales

Por otra parte, el impactante crecimiento de la red de redes, Internet, en los últimos años, ha llevado a muchos analistas a prestar atención a la magnitud de lo que otros traducen como la *brecha digital*, en términos globales. Numerosos centros de investigación trabajan en los últimos años en evaluar, dentro de la propia red, las desigualdades existentes, tanto en el acceso como, lo que a largo plazo en sin duda mucho más grave, en lo que a la presencia se refiere. Por cuanto la presencia en la red significa tener la capacidad de influir tanto en los modos de pensar y ver el mundo como, sobre todo, en los hábitos de vida y consumo del conjunto de la población del planeta.

En 1995, cuando se inician los primeros análisis de este tipo, la *fractura digital global* era impresionante: de los 39,5 millones de personas conectadas a Internet en el mundo, 26,2 millones (esto es un 66,5 %) estaban en Norteamérica, y 8,5 millones (un 21,5 %) en Europa Occidental. Esto es, en el resto del planeta (más del 90 % de la población mundial) se distribuían el 12 % restante (unos 4,7 millones de usuarios). Sumando todo el continente africano y Oriente Medio había tan sólo 444.000 usuarios. El mapa siguiente muestra la distribución en el año 2000 de los usuarios en las grandes regiones del planeta, y como podemos ver, las diferencias siguen siendo abismales: apenas 4 millones de usuarios entre el continente africano y Oriente Medio, frente a 120 millones entre los Estados Unidos y el Canadá.

Las diferencias eran, como se ha señalado, ostensibles también dentro de las naciones ricas más *conectadas*: mientras que los indios nativos, o los grupos étnicos asiáticos, tenían en los Estados Unidos acceso a módem como media en un 28,3 % de los casos, para los blancos no hispanos de las zonas urbanas el porcentaje de *conectados* era de un 48,6% (McConnaughey, Nila, Sloan, 1995). Otros estudios, centrados como el nuestro en la Universidad, ponían de manifiesto la desigualdad entre las universidades *para blancos* y las universidades *para negros*, especialmente las públicas (Myers et al, 2000).

Pero estas diferencias en el acceso, que son a las que habitualmente más atención prestamos, no pueden ocultar la brecha digital en lo que a la presencia en la red se refiere. Según un reciente estudio del contenido de la red, en 1998 tan sólo 12 países del mundo (entre los que no está España) totalizaban aproximadamente el 87 % de las webs públicas en Internet (Lavoie, O'Neill, 1999).

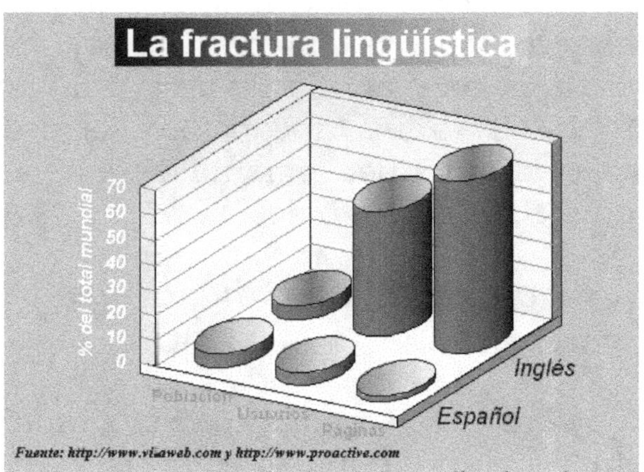

Ello explica, por otra parte, el ostentoso dominio del inglés en la red: el 49,6 % de la población conectada en 1999 tenía el inglés como lengua materna oficial, mientras que tan sólo el 5 % tenía el español (Global Reach, 2000). Y en mayor medida aún en lo que a la presencia se refiere; según el citado estudio de Lavoie y O'Neill, en 1998 el 83,7 % de las páginas web estaban en inglés, frente a tan sólo un 2,2 % en español.

Dos años más tarde el peso de las páginas en inglés se ha reducido sustancialmente (a un 68,4 %), pero no se han incrementado en la misma proporción las páginas en español (un 2,4 %).

Pese a que la proporción de población mundial que tiene como lengua oficial el inglés y el español es muy similar (un 5,4 y un 5,5 % respectivamente), la proporción de *usuarios en inglés* de Internet es de un 59,6 % del total, mientras que la de *usuarios en español* es de tan sólo un 5 %, y la de páginas en cada idioma se aleja ostensiblemente.

En este marco, lógicamente, sólo pueden observarse con pena, cuando no con indignación, las andanadas meramente propagandísticas del Instituto Cervantes, incapaz en la práctica de realizar un auténtico fomento de la presencia del español en la red de redes[34].

¿Puede el capitalismo digital desarrollarse sin conectados?

En la base de la apuesta que la administración Clinton, bajo el impulso del vicepresidente Al Gore, hizo en los últimos años del siglo XX por

---

[34]Desde el 2004 el Instituto Cervantes desarrollada programas de difusión del español en la red más ambiciosos, pero podríamos decir que ya es tarde.

las grandes infraestructuras de acceso a las NTI está, sin duda, la convicción moral sobre lo insostenible de una sociedad emergente que de partida ofrece una grave brecha de desigualdad. En la medida en que tales principios han sido repetidamente explicitados por los políticos norteamericanos, y luego por los políticos europeos más preocupados por el progreso en equidad, debemos considerar dicha base moral como un principio de acción.

Sin embargo, hay razones que, desde una perspectiva racional, debemos de considerar tan poderosas como aquellas, si no más. Un reciente informe del Departamento de Comercio de los Estados Unidos pone de manifiesto los graves déficits existentes, en aquel país, en lo que denomina la *'fuerza de trabajo digital'*, que no se circunscribe sólo a las sofisticadas ocupaciones relacionadas con el diseño de hardware y software, sino a un sin fin de ocupaciones que van a sustituir a los denominados *trabajadores de cuello blanco* del mismo modo que éstos sustituyeron a los *trabajadores de mono azul,* y para las que el personal capacitado no crece a la velocidad a la que crece la denominada Nueva Economía, o Economía-E (Meares, Sargent, 1999). Por tanto, el proletariado informacional global no puede configurarse sin una creciente extensión del acceso a las redes.

Ello explica que entre 1999 y 2001, la brecha que separa a los conectados de los no conectados se redujese aceleradamente, porque el capitalismo global requiere para su funcionamiento que al menos las clases medias del planeta estén en línea. Así, diversos estudios ponen de manifiesto cómo las diferencias se vienen reduciendo en los

Estados Unidos (Hoffman, Novak, 1999, US Department of Commerce, 2000), y las agencias independientes certifican cómo las regiones del planeta menos desarrolladas acceden a Internet aceleradamente: la tasa de conectados por cada 1000 habitantes era de 0,62 en 1995 para América central y del Sur, y en el año 2000 es de 21,1. Sin embargo, la velocidad a la que el acceso avanza también en los países centrales hace que la fractura se mantenga: en Norteamérica el número de conectados por cada 1000 habitantes es de 479, frente a los citados 21,1 en el resto de América, o de 7,2 en el conjunto de África y Oriente Medio.

Sin embargo, el debate sobre *info-ricos* e *info-pobres* (Baigorri, 1998) va mucho más allá de la discusión sobre si la red es un juguete de las clases medias y altas de los países ricos. Acabamos de ver cómo el sistema productivo global necesita de grandes masas de población conectadas; sin embargo, hay otro tipo de evidencias más preocupantes a partir del propio crecimiento de Internet. Por un lado, empieza a hacerse evidente que lo que hemos denominado *la nube de smog binario* provocará muy pronto la necesidad de selección de una información de calidad para quienes puedan pagarla. Por otra parte, existen serias dudas sobre la viabilidad real de una informatización/*internetización* absoluta del planeta (¿es sólo cuestión de que la reducción de precios lo haga accesible a capas mayores, o hay limitaciones estructurales?). Son cuestiones que abren nuevos caminos que tendremos que explorar.

Resumen y Conclusiones

El cambio social que se viene produciendo en las últimas décadas va más allá de los cambios de tendencia, dándose un salto civilizacional hacia la Sociedad Telemática. Consecuencia, principalmente, del fuerte desarrollo producido, en la segunda mitad del siglo XX, en las tecnologías de la imagen (óptica), el procesado de información (informática) y la transmisión de datos (telecomunicaciones).

El elemento que esencialmente caracteriza a la nueva sociedad emergente es la capacidad de superar las limitaciones espacio-temporales de la vida humana. No sólo no hemos llegado a *el fin de la Historia*, sino que estamos asistiendo a una aceleración histórica como nunca la ha conocido ninguna sociedad humana.

La manifestación más visible de la nueva sociedad es la globalización, que definimos como un proceso por el cual todos los componentes de las sociedades humanas que habitan el planeta Tierra adquieren una nueva naturaleza por el hecho mismo de su interacción mutua. La globalización en sí misma no es ni buena ni mala, pero en el proceso de cambio, como en todos los saltos de civilización, hay ganadores y perdedores. Pero la propia globalización favorece la toma de conciencia a nivel planetario de esos desafíos.

Sin embargo, el fenómeno social estructuralmente determinante de la nueva sociedad no es la globalización en sí misma, sino el proceso a través del cual se produce: Internet, que constituye un paso más hacia la comunicación total entre los seres humanos del planeta.

La Sociología se enfrenta al desafío de, como hizo en el marco del surgimiento de la Sociedad Industrial, explicar a la ciudadanía los cambios que se están operando en el marco de la irrupción de la Sociedad Telemática. La Cibersociología intenta responder a tal desafío.

El objeto de la Cibersociología no se ciñe exclusivamente a aquellos aspectos culturales y/o relacionales que se desenvuelven dentro de la red, desde perspectivas transdisciplinarias a las que también confluyen la Antropología Cultural o los Estudios de Medios, sino que debe ocuparse asimismo de los problemas sustanciales de la sociedad que son modificados por el advenimiento de la Sociedad Telemática, siendo la desigualdad y la estratificación social uno de los temas sociológicos fundamentales en este nuevo marco.

El desarrollo de la Sociedad Telemática no supone una ruptura respecto a las desigualdades que han caracterizado a la Sociedad Industrial a nivel global. Antes al contrario, introduce nuevos factores de estratificación social, a través de la que denominamos fractura digital. El mero desarrollo sectorial de las NTI como sector de consumo tiende a favorecer el acceso de amplias capas de la población a las mismas, pero no permite la conexión de los grupos sociales más débiles. Tan sólo una decidida acción pública, como la emprendida por la administración norteamericana, o por algunos estados (entre los que no se encuentra España) posibilita la reducción de la brecha que separa a los conectados de los no conectados.

La no aplicación de políticas públicas a superar la fractura digital va a suponer el desarrollo de un grupo de excluidos digitales; que, como se pone de manifiesto en el caso de los estudiantes universitarios, si quedan desconectados no podrán incorporarse eficientemente a la nueva economía, produciéndose así un uso poco efectivo de los recursos públicos destinados a la educación.

Bibliografía no exhaustiva de Cibersociología

Hay que empezar este apartado señalando que, lógicamente, si un apartado del libro está especialmente desactualizado es éste, por cuanto durante los últimos cinco años el crecimiento de Internet ha sido exponencial en todo tipo de recursos, así como ha crecido también enormemente (aunque no de forma exponencial en este caso) la bibliografía impresa. Pero he preferido, para mantener la coherencia con el resto del documento, no modificar el listado construido. Pues justamente tiene la virtud, a mi juicio, de establecer el estado del arte justamente en aquel momento. Sin duda, en este sentido, los enlaces recogidos serán más útiles a los investigadores que en el futuro hagan arqueología de la Cibersociedad, o historia de la Cibersociología, que a los actuales. Por lo mismo, he preferido mantener incluso las críticas a las carencias detectadas en España (que, por lo demás, sigue presentando graves carencias en lo que a la inmersión en la Sociedad Telemática se refiere). En cualquier caso, creo que sigue siendo una bibliografía de lo más completo y sistemático que se puede encontrar, todavía hoy.

....

La Cibersociología está en la red en mucha mayor medida que en el papel impreso. De hecho, los mejores y más actuales documentos no están impresos, y seguramente ya nunca se imprimirán. Las referencias web que se incorporan son más que suficientes puntos de inicio para emprender navegaciones a la búsqueda de nuevos materiales. Hay que tener en cuenta que no todos los documentos existentes en la red se encuentran referenciados en los buscadores (no mucho más de un 10% según los más recientes cálculos), por lo que sólo la navegación hipertextual puede conducirnos a ellos. Debo advertir que construí esta bibliografía en el año 2.001, por lo que es de prever que, dada la rapidez con que se desarrollan los temas *ciber*, haya aumentado en los últimos dos años; pero, al menos en el campo de la Sociología, es cada vez más difícil ver, en lo que a estos temas se refiere, algo nuevo bajo el sol.

Introducción básica

Aguadero, Francisco (1997), *La Sociedad de la Información*, Acento, Madrid

Castells, Manuel (2000), 'Internet y la sociedad red', Lección inaugural del programa de doctorado sobre la sociedad de la información y el conocimiento, Universitat Oberta de Catalunya, URL:
http://www.uoc.es/web/esp/articles/castells/castellsmain2.html

Echeverría, Javier (1994), *Telépolis*, Destino, Barcelona

Joyanes, Luis (1997), *Cibersociedad*, McGraw-Hill, Madrid

Millán, J.A. (1998), *De redes y saberes*, Santillana, Madrid

Montesinos, Antonio (1999), *La sociedad de la información e Internet*, San Pablo

Trejo Delarbre, R (1996), *La nueva alfombra mágica: usos y mitos de Internet, la red de redes*, Fundesco, Madrid

Ramonet, Ignacio ed. (1998), *Internet, el mundo que llega* Alianza Editorial, Madrid

VV.AA. (1998), *La Sociedad del Conocimiento*, Beta, Barcelona

La noosfera, las bases técnicas y la discusión del determinismo tecnológico

Brockman, John (1996), *La tercera cultura. Más allá de la revolución científico*, Tusquets, Barcelona

Bush, Vannevar (1945) 'As we may think', **Atlantic Monthly**

176 (1): 101-8. URL:
http://www.isg.sfu.ca/~duchier/misc/vbush/

Bustamante, Javier (1988), 'Sociocibernética', en Román Reyes, ed., *Terminología Científico-Social. Aproximación crítica*, Anthropos, Barcelona

Chandler, Daniel (s/f) 'Technological or Media Determinism', documentos en línea, URL:
http://www.aber.ac.uk/media/Documents/tecdet/tecdet.html

Clark, A. (1996), *El mundo es uno. Del telégrafo a los satélites*, Ediciones B, Barcelona

Conley, Verena A. (1993), *Rethinking Technologies*, University of Minnesota Press, Minneapolis

Cunningham, Phillip J. (1997), 'Theilard de Chardin and the Noosphere', **CMC Magazine**,
http://www.december.com/cmc/mag/1997/mar/cunnin.html

David, Paul (1990), 'The Dynamo and the Computer. An Historical Perspective on the Modern Productivity Paradox', **The American Economic Review**, Vol, 80, 2, pp. 355-361

Dewdney, Christopher (1997), *Last Flesh Life in the Transhuman Era*. Harper Collins, Toronto

Dreyfus, Hubert y Dreyfus, Stuart (1986), *Mind over Machine*, The Free Press, Nueva York

Emmeche, Claus (1998), *Vida simulada en el ordenador*, Gedisa, Barcelona

Heim, Michael (1995) 'The nerd in the noosphere', **Computer-MediatedCommunication Magazine** 2 (1): 3. URL:
http://sunsite.unc.edu/cmc/mag/1995/jan/heim.html

Herbert, Dreyfus (1979), *What Computers Can't Do: The Limits of Artificial Intelligence*. Harper & Row, Nueva York

Illich, Ivan (1973), *La convivialité*, Seuil, Paris

Jones, S. G. (1997), *Virtual Culture: Identity and Communication in Cybersociety*, Sage, Londres

Kurzweil, Ray (1999), *The Age of Spiritual Machines: When Computers Exceed Human Intelligence*. Viking, Nueva York

Leterre, Thierry (1997), 'Internet y nuestra sociedad', **La Factoría**, 2,
http://www.lafactoriaweb.com/articulos/letette2.htm

Lévy, P. (1997), *Collective Intelligence: Mankind's Emerging World in Cyberspace*. Plenum Trade, Nueva York

Lovelock, J.E., (1983), *Gaia. Una nueva visión de la vida sobre la tierra*, Herman Blume, Barcelona

Malamud, Carl, (1997), *A Worl's Fair por the Global Village*, MIT Press, Boston

Martin, James (1980), *La sociedad interconectada*, Tecnos, Madrid

Martin, James (1981), *Telematic society. A challenge for tomorrow*, Prentice Hall, Englewood Cliffs (traducción al español en Paidós, Buenos Aires, 1985)

McLuhan, Marshall (1969), *La comprensión de los medios como las expresiones del hombre*, Diana, México

McLuhan, Marshal y Fiore, Quentin(1980), *El medio es el mensaje*, Paidós, Barcelona

McLuhan, Marshall (1985), *Guerra y paz en la aldea global*, Planeta-Agostini, Barcelona

Millarch, F. (1998) 'Net Ideologies: From Cyber-liberalism to Cyber-realism' URL: http://www.inter.nl.net/Paul.Treanor/net.hyperliberal.html

Mitcham, C. (1994) *Thinking through technology - The path between engineering and philosophy*. The University of Chicago Press, Chicago

Norman, Donald (2000), *El ordenador invisible*, Paidós, Barcelona

Norretranders, T. (1999), *The User Illusion: Cutting Consciousness Down To Size*. Viking Press, Nueva York

Oguibe, O. (1996) 'Forsaken Geographies: Cyberspace and the New World 'Other'', paper en la 5th International Conference on Cyberspace, Madrid URL: http://english-www.hss.cmu.edu/internet/oguibe/

Pacey, Arnold (1990), *La cultura de la tecnología*, Fondo de Cultura Económica, México

Piscitelli, Alejandro (1998), *Post televisión. Ecología de los medios en la Era de Internet*, Paidós, Barcelona

Postman, Neil (1993), *Technology: The Surrender of Culture to Technology*, Vintage, Bueva York

Sartori, Giovanni (1998), *Homo videns. La sociedad teledirigida*, Taurus, Madrid

Terranova, Tiziana (1996). 'Posthuman Unbounded.', en George Robertson, ed. *Future Natural*, Routledge, Nueva York

Theilard de Chardin, Pierre, (1961), *The phenomenon of Man*, Harper&Row, Nueva York

Thornburg, David D. (1995) 'Welcome to the communication age', **Internet Research** 5 (1): 64-70. URL: http://www.mcb.co.uk/services/articles/liblink/intr/commsage.html

La cibercultura contextualizada (perspectivas generales)

Adams, James (1999), *La próxima guerra mundial*, Granica, Barcelona

Alberts, David y Papp, Daniel [s/f], *The Information Age: An Anthology on Its Impact and Consequences*, Ciberedición: http://www.dodccrp.org(antindex.html

Baigorri, A. (2000), 'Elementos para un análisis crítico de la red', Ponencia en el I Congreso Internacional de Alfabetización Tecnológica, Cáceres URL: http://www.unex.es/sociolog/BAIGORRI/index.htm

Basalmo, Anne (1996), *Technologies of the Gendered Body Reading Cyborg Women,* Duke UP, Durham

Beck, U. (1999), *¿Qué es la globalización?*, Paidós, Barcelona

Benedikt, Michael, ed.(1991), *Cyberspace First Steps*, MIT Press, Cambridge

Bericat, E. (1996), 'La sociedad de la información. Tecnología, cultura, sociedad', **REIS**, 76. pp. 99 -121.

Borgmann, Albert (1999), *Holding on to Reality The Nature of Information at the Turn of the Millennium,* Chicago, University of Chicago Press

Brook, James, Boal,Iain A, eds. (1995) *Resisting the Virtual Life The Culture and Politics of Information*, City Lights, San Francisco

Bruckman, Amy, (1996), 'Finding One's Own Space in Cyberspace,' *Technology Review* 991 (January) 48-54,

Castells, Manuel (1995), *La Ciudad Informacional. Tecnologías de la información reestructuración económica y el proceso urbano-regional.* Alianza Editorial, Madrid

Castells, Manuel (1998), *La sociedad red*, Alianza Editorial, Madrid

Cerf, Vint, 1997, *The Internet Phenomenon*, National Science Foundation, puede verse en http://www.cise.nsf.gov/general/compsci/net/cerf.html

De Kerckhove, Derrick (1997), *Connected Intelligence The Arrival of the Web Society,* Toronto Somerville House,,

Dertouzos, Michael (1998), *What Will Be. How the new world of information will change our lives.* Puede obtenerse el primer capítulo del libro en http://www.wired.com/books/

Dery, Mark, *Escape Velocity Cyberculture at the End of the Century,* Nueva York Grove, (1996),

Eco, Umberto (1968), *Apocalípticos e integrados ante la cultura de masas*, Lumen, Barcelona

European Comission (1996), *Green paper. Living and working in the Information society: people first*, Directorate General V, http://www.isp.cec.be/legreg/docs/peopl1st.htm

Falk, Jim (1995) 'The meaning of the Web', Universidad de Wollongong, URL: http://www.scu.edu.au/sponsored/ausweb/ausweb95/papers/sociology/falk/

García Canclini, Néstor (1999), *La globalización imaginada*, Paidós, Barcelona

Gates, B. (1995), *Camino al futuro*, McGraw-Hill, Madrid

Geirland, John, Sonesh-Kedar, Eva, eds. (1999), *Digital Babylon How the Geeks, the Suits, and the Ponytails tried to bring Hollywood to the Internet,* Arcade Publishing, Nueva York

Haraway, Donna J, *Modest_Witness@Second_Millennium,FemaleMan©_Meets_OncoMouse,* Nueva York Routledge, (1997),

Hayles, N, Katherine, *How We Became Posthuman Virtual Bodies in Cybernetics, Literature, and Infomatics,* Chicago U of Chicago P, 1999,

Jones, Steve ed. (1995), *Cybersociety Computer-mediated Communication and Community,* Sage, Londres,,

Jones, Steve, edit. (1997), *Virtual Culture Identity and Communication in Cybersociety,* Sage, Thousand Oaks y Londres

Jones, Steve, (1998) *Cybersociety 2,0 Revisiting Computer-mediated Communication and Community,* Thousand Oaks, CA & Sage, Londres

Koch, Tom (1996), *The Message is the Medium Online All the Time For Everyone,* Conn. Praeger, Westport

Levy, Pierre (1998), *La cibercultura, el segon diluvi?,* Proa, Barcelona

Mattelart, A. (2000), *Historia de la utopía planetaria,* Paidós, Barcelona

Murray, Janet H, *Hamlet on the Holodeck The Future of Narrative in Cyberspace,* Nueva York Free Press, (1997), ed.

Negroponte, Nicholas (1995), *Being Digital,* Alfred A, Knopf, Nueva York (hay traducción española en Ediciones B, Barcelona)

Noble, David (1999), *The Religion of Technology The Divinity of Man and the Spirit of Invention,* Alfred A, Knopf, Nueva York (y Penguin Books, Londres)

Nora, S. y Minc, A. (1983), *La informatización de la sociedad,* Fondo de Cultura Económica, Madrid

Piscitelli, Alejandro (1995), *Ciberculturas en la era de las máquinas inteligentes*, Paidos, Barcelona.

Porter, David, ed. (1996), *Internet Culture*, Routledge, Nueva York y Londres

Postman, Neil (1994), *Tecnopolis*, Círculo de Lectores, Barcelona

Rushkoff, Douglas,ed. (1996) *Playing the Future How Kids' Culture Can Teach Us to Thrive in an Age of Chaos,* HarperCollins, Nueva York

Shapiro, Andrew L.(1995), 'Street Corners in Cyberspace,' **The Nation**, 3 Julio, pp. 10-14

Shapiro, Andrew L, (1999), *The Control Revolution How the Internet is Putting Individuals in Charge and Changing the World We Know,* Public Affairs, Nueva York

Shields, Rob, (1996), 'Introduction Virtual Spaces, Real Histories and Living Bodies,' en Rob Shields, ed. *Cultures of Internet Virtual Spaces, Real Histories, Living Bodies*, Sage, Londres, pp. 1-10,

Snyder, Llana (1996), *Hypertext The Electronic Labyrinth.* Nueva York, University Press,

Soldré, Muñiz (1998), *Reinventando la cultura*, Gedisa, Barcelona

Toffler, Alvin (1971), *El shock del futuro*, Plaza & Janés, Barcelona

Toffler, Alvin (1980), *La Tercera Ola*, Plaza & Janés, Barcelona

Toffler, Alvin (1983), *Avances y premisas*, Plaza & Janés, Barcelona

Toffler, Alvin (1990), *Cambio de poder*, Plaza & Janés, Barcelona

Ullman, Ellen (1997), *Close to the Machine Technophilia and its Discontents*, City Lights Books, San Francisco

Virilio, Paul (1996), *Cybermonde, la politique de pire,* Textuel, Paris

Virilio, Paul (1997), *Open Sky*, Verso, Londres

Virilio, Paul (1998), *Polar Inertia,* Sage, Londres

Vitanza, Victor, ed. (1999), *CyberReader 2/e,* Allyn and Bacon, Boston,

Williams, Raymond, ed.(1974), *Television, Technology and Cultural Form,* Fontana,Londres

Historia social y alcance de Internet

Abbate, Janet (1999) *Inventing the Internet,* MIT Press, Cambridge

Bergman, Michael K (2000), 'The Deep Web: Surfacing Hidden Value', BrighPlanet.com LLC
http://www.brightplanet.com

Hafner, Katie y Lyon, Matthew (1998) *Where Wizards Stay Up Late The Origins of the Internet,* Touchstone Books

Hauben, Michael y Hauben,Ronda (1997) *Netizens On the History and Impact of Usenet and the Internet,* IEEE Computer Society Press, Los Alamitos

Leiner, Barry et. al (1998) 'A Brief History of the Internet' URL: http://www.iscc.org/internet-history/brief.html

Pedreira, Javier (1998), 'El verdadero origen de Internet no está en un proyecto militar estadouniense', **iWorld**, http://www.idg.es/iworld/especial/origen/origen.html

Tofts, Darren, McKeich, Murray (1998) *Memory Trade A Prehistory of Cyberculture*, North Ryde, Australia, G + B Arts International, URL: http//www.gbhap.com

Zakon, Robert (1999), 'Hobbes' Internet Timeline v4.0'. Puede consultarse directamente en la red, en http://info.isoc.org/guest/zakon/Internet/History/HIT.html Puede consultarse una versión en español en http://ibarrolaza.com.ar/zakon/hit.html

Lo real y lo virtual

Featherstone, M. y Burrows, R. eds. (1995), *Cyberspace/ Cyberbodies/ Cyberpunk. Cultures o Technological Embodiment.*, Sage, Londres

Galindo, Jesús (1998), 'Cibercultura, ciberciudad, cibersociedad. Hacia la construcción de mundos posibles en nuevas metáforas conceptuales', **Razón y Palabra**, 10, http http://www.razonypalabra.org.mx/

Gimenez, Martha (1997) 'The Dialectics Between the Real and the Virtual' URL: http://csf.colorado.edu/authors/Gimenez.Martha/psn.html

Hayles, Katherine, (1993), 'The Seductions of Cyberspace,' en Verena Andermatt Conley, ed. *Rethinking Technologies*, Miami Theory Collective, University of Minnesota Press, Minneapolis, pp. 173-190

Hayles, Katherine (1999) *How We Became Posthuman Virtual Bodies in Cybernetics, Literature, and Informatics,* University of Chicago Press, Chicago

Heim, Michael (1993) *The Metaphysics of Virtual Reality,* OUP, Nueva York

Heim, Michael (1998) *Virtual Realism,* Oxford University Press, Nueva York

Kaku, Michio (1996), *Hiperespacio,* Crítica, Barcelona.

Law, John and Mol, Annemarie (1995) 'Notes on materiality and sociality', **Sociological Review** 43 (2): 274-94.

Lawley, Elizabeth L. (1995) 'The sociology of culture in computer-mediated communication: an initial exploration' URL: http://www.itcs.com/elawley/bourdieu.html

Levis, Diego (1998), 'Realidades inmateriales. Comunicación digital, realidad virtual y transformación social', Tesis doctoral. Puede consultarse el capítulo introductorio en la red: http://www.arrakis.es/~dlevis/diecom/Tesis.htm

Quéau, Philippe (1995), *Lo virtual. Virtudes y vértigos,* Paidós, Barcelona.

Stefnik, M. (1996). *Internet Dreams – Archetypes, Myths, and Metaphors.* The MIT Press, Cambridge

Stone, Allucquere Rosanne (1991) 'Will the real body please stand up?: boundary stories about virtual cultures' in Benedikt, Michael (ed.), *Cyberspace: First Steps,* MIT Press, Cambridge, pp: 81-118.

Taylor, M., Saarinen, E. (1994), *Imagologies,* Routledge, Londres

Wertheim, Margaret (1999) *The Pearly Gates of Cyberspace A History of Space from Dante to the Internet,* W,W, Norton, Nueva York and Londres

Whittle, David B, *Cyberspace The Human Dimension,* Nueva York W, H, Freeman and Co, (1997),

Identidades virtuales

Bromberg, Heather (1996), 'Are MUDs Communities? Identity, Belonging and Consciousness in Virtual Worlds,' en Rob Shields, ed. *Cultures of Internet Virtual Spaces, Real Histories, Living Bodies,* Sage, Londres, pp. 143-152,

Chandler, Daniel (1998) 'Personal Home Pages and the Construction of Identities on the Web' URL: http://www.aber.ac.uk/~dgc/webident.html

Consejo de Europa/Interarts, eds. (1999), *Sueños e identidades*, Península, Barcelona

Miller, Laura (1995), 'Women and Children First Gender and the Settling of the Electronic Frontier,' en James Brook y Iain A, Boal, eds., *Resisting the Virtual Life The Culture and Politics of Information*, City Lights, San Francisco, pp. 49-57,

Stone, Allucquere Rosanne, (1991), 'Will the Real Body Please Stand Up? Boundary Stories about Virtual Cultures,' en Michael Benedikt, *ed. Cyberspace First Steps*, MIT Press, Cambridge, MA, pp. 81-118,

Stone, Allucquere Rosanne, (1995) *The War of Desire and Technology at the Close of the Mechanical Age* MIT Press, Cambridge,

Turkle, Sherry, (1995) *Life on the Screen Identity in the Age of the Internet*, Simon & Schuster, Nueva York

Comunidades virtuales

B arrett, Neil (1998), *El estado de la Cibernación*, Flor del Viento, Barcelona

Baym, Nancy K, (1993) 'Interpreting Soap Operas and Creating Community Inside a Computer-Mediated Fan Club,' **Journal of Folklore Research**, 302/3 pp.143-176

Baym, Nancy K,(1995, 'The Emergence of Community in Computer-Mediated Communication,' en Steven G, Jones, ed. *CyberSociety Computer-Mediated Communication and Community,*Sage, Thousand Oaks, pp. 138-163

Beamish, Anne (1995), *Communities Online: community-based computer networks,*.Department of Urban Studies & Planning, Master of City Planning Thesis, Universidad de Cambridge, Massachussets, URL:
http://alberti.mit.edu/arch/4.207/anneb/thesis/toc.html

Donath, Judith S (1998) 'Identity and Deception in the Virtual Community' in Kollock, Peter and Smith, Marc (ed.), *Communities in Cyberspace*, Routledge, Londres URL:
http://judith.www.media.mit.edu/Judith/Identity/IdentityDeception.html

Hafner, Katie, (1997)'The World's Most Influential Online Community (And It's Not AOL) The Epic Saga of the WELL,' in **Wired** (Mayo), pp. 97-142, URL:
http//wwww.wired.com/wired/5.05/well/index.html

Harasim, Linda M,(1995), 'Networlds Networks as Social Space,' en Linda M, Harasim, ed. *Global Networks Computers and International Communication*, Sage, Thousand Oaks pp. 15-

34

Jones, Steve G,(1995) 'Understanding Community in the Information Age,' en Steve G, Jones, ed. *CyberSociety Computer-Mediated Communication and Community,* Sage, Thousand Oaks, pp. 10-35

McLaughlin, Margaret L,, Kerry K, Osborne, and Christine B, Smith, (1995)'Standards of Conduct on Usenet,' en Steven G, Jones *CyberSociety Computer-Mediated Communication and Community,* pp.90-111,

Parks, M. & Floyd, K. (1996) 'Making friends in Cyberspace', **Journal of Communication** 46(1) pp. 0021-9916/96.

Reid, Elizabeth, 'Virtual Worlds Culture and Imagination,' (1995)en Steven G, Jones, ed. *CyberSociety Computer-Mediated Communication and Community,* 164-183

Rheingold, Howard, (1993), *The Virtual Community Homesteading on the Electronic Frontier,* Addison-Wesley Publishing Co, Reading, MA

Rheingold, Howard, (1995)'A Slice of Life in My Virtual Community,' in Linda M, Harasim, ed., *Global Networks Computers and International Communication,* pp.57-80,

Schuler, D (1996), *New Community Networks – Wired for Change,* Addison-Wesley, New YorK

Smith, Marc A. (1994), *Voices from the WELL: The Logic of the Virtual Commons,* Dept of Sociology, UCLA, Los Angeles

Smith, M. & Kollock, P. (1997), *Communities in Cyberspace: Perspecitves on New Forms of Social Organizations.* University of California Press.Los Angeles

Tharon Howard,(1997) *A Rhetoric of Electronic Communities,* Ablex Pub Corp, Greenwich, CT (este libro es es continuación de la serie 'New Directions in Computer and Composition Studies: http//www.hu.mtu.edu/cyselfe/cindypages/C&Cbooks/series.html' editada por Gail E, Hawisher y Cynthia L, Selfe,

Wellman, B., Salaff, J., Dimitrova, D., Garton, L., Gulia, M., Haythornthwaite (1996), 'Computer Networks as Social Networks: Collaborative Work, Telework and Virtual Community', **Annual Review of Sociology**, 22, pp. 213-238

La ciudad virtual y las redes comunitarias

Anderson, Benedict (1983), *Imagined Communities,* Verso, Londres

Baigorri, Artemio (1998), 'De la Terra ignota al jardín terranl. Transformaciones en los usos y funciones del territorio en la urbe global', **Ciudades**, 4, pp. 149-164 (puede consultarse en la red en http://www.unex.es/sociolog/BAIGORRI/index.htm)

Baigorri, Artemio (1998b), 'La urbe virtual. Más allá de las jerarquías territoriales', Comunicación en el XIV Congreso Mundial de Sociología, Montreal (puede consultarse en la red en http://www.unex.es/sociolog/BAIGORRI/index.htm)

Beamish, Anne (1995), *Communities Online: community-based computer networks*,.Department of Urban Studies & Planning, Master of City Planning Thesis, Universidad de Cambridge, Massachussets, URL: http://alberti.mit.edu/arch/4.207/anneb/thesis/toc.html

Bird, Jon (1993), *Mapping the Future: Local Cultures, Global Change*, Routledge, Londres

Doheny-Farina, Stephen *(1997), The Wired Neighborhood*, Yale University Press, New Haven

Farmer, F. Randall, Morningstar, Chip, and Crockford, Douglas (1994) 'From Habitat to global cyberspace' URL: http://www.communities.com/paper/hab2cybr.html

Finquelievich, Susana, Karol, Jorge y Vidal, Alicia (1992), *Nuevas tecnologías en la ciudad. Información y comunicación en la cotidianeidad*, CEAL, Buenos Aires

Finquelievich, Susana et al (1996), *¿Ciberciudades? Informática y gestión urbana*, Instituto Gino Germani, Universidad de Buenos Aires

Ges, Marcel (1997), 'La cultura telemática y el territorio', **La Factoría**, 2: http://www.lafactoriaweb.com/articulos/marcel2.htm

Goycoolea, Roberto (2000), 'Telépolis y el espacio habitable', **El Mostrador**, 3 de marzo: http://www.elmostrador.cl

Horn, Stacy (1998), *Cyberville Clicks, Culture and the Creation of an Online Town*, Warner Books, Nueva York,

Mitchell, William J,(1995), *City of Bits Space, Place, and the Infobahn*, MIT Press, Cambridge

Schuler, Douglas, (1996) *New Community Networks Wired for Change*, ACM Press, Nueva York

Schuler, Douglas, (1994) 'Community Networks Building a New Participatory Medium,' **Communications of the ACM,** 371 (Enero), pp. 39-51

Toulouse, Chris (1997), 'Designing Cyberspace: Voluntarism, Commercialism, Academia, and the Future of the World Wide Web', Documento de trabajo, Hofstra University, http://www.urbsoc.org/papers/design/index.shtml

Toulouse, Chris (1998), 'Where is Cyberspace?. Urban, suburban and Digital Ways of Life', Documento de trabajo, Hofstra University, http://www.urbsoc.org

Diversidad, desigualdad y exclusión (la fractura digital)

Abrams, Alan (1997), 'Diversity and the Internet,' **Journal of Commerce,** 26 de Junio

Anderson, Teresa E. y Melchior, Alan (1995), 'Assessing Telecommunications Technology as a Tool for Urban Community Building, **Journal of Urban Technology,** Vol, 3, 1, pp. 29-44

Atkin, C,K,, Greenberg, B,S, y McDermott, S, (1983), 'Television and Race Role Socialization,' **Journalism Quarterly**, Vol, 60, 407-414,

Baigorri, Artemio (1998), 'Info-ricos e info-pobres. Navegando sin remos por la cresta de la ola', Diario HOY. URL: http://www.unex.es/sociolog/BAIGORRI/index.htm

Baigorri, A. y Fernández, R. (2000), 'La división digital: desigualdades de acceso a las nuevas tecnologías de la información en el alumnado universitario', Ponencia en el I Congreso Internacional de Alfabetización Tecnológica, Cáceres URL: http://www.unex.es/sociolog/BAIGORRI/index.htm

Battle, Stafford L, y Harris, Rey O,(1996) *The African American Resource Guide to the Internet & Online Services*, McGraw-Hill, Nueva York

Baym, Nancy (1995), 'The Emergence of Community in Computer-Mediated Communication,' en Steven G, Jones, ed. *CyberSociety Computer-Mediated Communication and Community,* Sage, Thousand Oaks, pp. 138-163

Beaupre, Becky and Oralandar Brand-Williams (1997), 'Sociologists Predict Chasm Between Black Middle-Class, Poor Will Grow,' *The Detroit News,* February 8,

Bogart, L (1972), Negro and White Exposure New Evidence,' **Journalism Quarterly**, Vol, 49, pp. 15-21,

Borgmann's earlier (1992) *Across the Postmodern Divide,* University of Chicago Press, Chicago

Clinton, W.J. (1997), 'Remarks by The President at Education Announcement/ Roundtable', The White House, URL: http://www.iitf.nist.gov/documents/press/040297.htm

Danet, Brenda (1998), 'Text as Mask Gender, Play, and Performance on the Internet,'en Steven G, Jones, ed. *Cybersociety 2,0 Revisiting Computer-Mediated Communication and Community,* Sage, Thousand Oaks, pp. 129-158

Durand, R,M,, J,E,Teele, W,O,Bearden (1979), 'Racial

Differences in Perception of Media and Advertising Credibility,'
Journalism Quarterly, Vol, 56, 562-569,

Ebo, Bosah (1998), *Cyberghetto or Cybertopia? Race, Class and Gender on the Internet*, Praeger Publishers, Westport

Educational Testing Service (1997), *Computers and Classrooms The Status of Technology in U,S, Schools*, Policy Information Center: http//www.ets.org/research/pic/compclass.html

Global Reach (2000), 'Global Internet Statistics by Language', URL: http://www.globalreach.com/globstats/refs.php3

Hoffman, D,L,, W.D, Kalsbeek y T,P, Novak (1996), 'Internet and Web Use in the United States Baselines for Commercial Development,' Sección especial de 'Internet in the Home,' **Communications of the ACM**, *39* pp. 36-46, URL: www2000.ogsm.vanderbilt.edu/papers/internet.demos.July9.(1 996).html

Hoffman, D,L, y T,P, Novak (1996), 'Marketing in Hypermedia Computer-Mediated Environments Conceptual Foundations,' **Journal of Marketing**, 60, pp. 50-68

Hoffman, D., Novak, T. (1999), 'The evolution of The Digital Divide' URL: http://www2000.ogsm.vanderbilt.edu

Ignacio, Emily Noelle (2000), 'Ain't I a Filipino (Woman)? An Analysis of Authorship/Authority Through the Construction of Filipino/a on the Net,' **The Sociological Quarterly,** 414

Jones, Steven G (1995), *CyberSociety Computer-Mediated Communication and Community* Sage, Thousand Oaks

Katz, James y Philip Aspden (1997), 'Motivations for and Barriers to Internet Usage Results of a National Public Opinion Survey,' Paper en la *24th Annual Telecommunications Policy Research Conference*, Solomons, Maryland

Keller, James (1996), 'Public Access Issues An Introduction',en Kahin, Brian y James Keller, eds. *Public Access to the Internet*, The MIT Press, Cambridge

Kolko, Beth, Nakamura, Lisa y Rodman, Gilbert eds, (2000), *Race in Cyberspace*, Routledge, Nueva York y Londres

Lavoie, B., O'Neill, E. (1999), 'How World Wide is the Web: trends in the Internationalization of Web Sites', **Annual Review of OCL Reasearch** 1999 URL: http://www.ocl.org

McConnaughey, J., Nila, C., Sloan, T. (1995), 'Falling through the Net: a Survey of the "Have Nots" in Rural and Urban America', U.s. Department Of Commerce, Washington, URL: http://www.ntia.doc.gov/ntiahome/fallingthru.html

McConnaughey, J., Lader, W.(1998), 'Falling through the Net II: New Data on the Digital Divide', National Telecommunications

And Information Administration URL:
http://www.ntia.doc.gov/ntiahome/net2/falling.html

Myers, S. et al (2000), *Historically Black Colleges and Universities. An Assesment of Networking and Connectivity*, US Department of Commerce, Washington

NovaK, Thomas P. and Hoffman, Donna L. (1998) 'Bridging the Digital Divide: The Impact of Race on Computer Access and Internet Use', **Science**, Abril, URL:
http://www2000.ogsm.vanderbilt.edu/papers/race/science.html

Poster, Mark (1998), 'Virtual Ethnicity Tribal Identity in an Age of Global Communications,' en Steven G, Jones, *Cybersociety 2,0 Revisiting Computer-Mediated Communication and Community,* pp. 184-211

Pruett, D., Deane, J. (1998), 'Internet y la pobreza', Informe Panos Nº 28, Instituto Panos, URL:
http://www.oneworld.org/panos/briefing/interpov.htm (Puede leerse la traducción española en Cuadernos Ciberespacio y Sociedad, 3, marzo 1999

Rachel, Janet and Woolgar, Steve (1995) 'The discursive structure of the social-technical divide: the example of information systems development', **Sociological Review** 43 (2): 251-73.

Schwartz, Ed (1996), *NetActivism How Citizens Use the Internet,* O'Reilly & Associates, Inc, Sebastopol, CA

Turkle, Sherry (1984), *The Second Self Computers and the Human Spirit,* Simon & Schuster,Nueva York

Wilhelm, T, (1996), *Latinos and Information Technology Preparing for the 21st Century,* The Tomás Rivera Center, Claremont

El género de Internet

Balsamo, Anne *(1996), Technologies of the Gendered Body Reading Cyborg Women*, Duke University Press, Durham y Londres

Cherny, Lynn y Weise, Elizabeth R., edts (1996), *Wired Women Gender and New Realities in Cyberspace*, Seal Press, Seattle

Eisenstein, Zillah (1998), *Global Obscenities Patriarchy, Capitalism, and the Lure of Cyberfantasy,* NYU Press, Nueva York

Plant, Sadye (1998), *Ceros+Unos*, Destino, Barcelona

Senft, Teresa y Horn, Stacy, eds, (1996), 'Sexuality and

Cyberspace Performing the Digital Body,' Especial de **Women & Performance A Journal of Feminist Theory**, URL: http//www,echonyc,com/women/

Del ciberamor al cibersexo

Gwinnell, Esther (1999), *El amor en Internet*, Paidós, Barcelona

Davis-Floyd, Robbie y Dumit, Joseph, eds. (1998), *Cyborg Babies From Techno-Sex to Techno-Tots*, Routledge, Nueva York

Del Brutto, Bibiana (1999), 'Relaciones virtuales o relaciones reales a fines de siglo', **Dossier Kairós**, 4, 2° semestre, http://www.fices.unsl.edu.ar/kairos/k4-d03.htm

Hamman, Robin B. (1996) 'Cyborgasms: Cybersex Amongst Multiple-Selves and Cyborgs in the Narrow-Bandwidth Space of merica Online Chat Rooms ', Tesis, Universidad de Essex URL: http://www.socio.demon.co.uk/Cyborgasms.html

Finquelievich, Susana (1998), '@amores virtu@les', **Ciberespacio y Sociedad**, http://cys.derecho.org/00/teletrabajo.htm

Kipnis, Laura (1999), *Bound and Gagged Pornography and the Politics of Fantasy in America*, Duke University Press, Durham

Lane III, Frederick S, (1999), *Obscene Profits The Entrepreneurs of Pornography in the Cyber Age*, Routledge, Nueva York <http//www,routledge,com/>, (1999),

Levine, Deb (1998), *The Joy of Cybersex A Guide for Creative Lovers*, Ballantine Books, Nueva York

Poder, política, democracia e Internet

Bollier, David (s/f) 'Reinventing Democratic Culture in an Age of Electronic Networks' URL: http://www.netaction.org/bollier/index.html

Brian Martin, (1999) *Technology and Public Participation*, Wollongong, Australia, Science and Technology Studies, University of Wollongong, Disponible en: http//www,uow,edu,au/arts/sts/TPP/

Carter, Dave (1997) ''Digital democracy' or 'information aristocracy'? Economic regeneration and the information economy' in Loader, Brian D. (ed.), *The Governance of Cyberspace*, Routledge, Londres, pp:136-52.

Clift, Steven (1998), 'Democracy on line', URL: http://www.e-democracy.org/do/article.htm

Confessore, N. (2000), 'Sucking Sounds', **The Atlantic Monthly**, Abril: http://www.theatlantic.com/umbound/citation/wc2000-04-06.htm

Davis, Richard (1999), *The Web of Politics The Internet's Impact on the American Political System,* Oxford University Press, Oxford

Edwards, Paul N, (1996), *The Closed World Computers and the Politics of Discourse in Cold War America,* MIT Press, Cambridge

Eisenstein, Zillah (1998), *Global Obscenities Patriarchy, Capitalism, and the Lure of Cyberfantasy,* NYU Press, Nueva York

Grossman's, K. (1996), The Electronic Republic Reshaping Democracy in the Information Age, Penguin, Londres

Judge, Anthony (1998), 'The Change of Cyber-Parliaments and Statutory Virtual Assemblies', Documento de Trabajo, Union of International Associations, http://www.uia.org/uiadocs/cyberass.htm

Kamarck, Elaine y Nye, Joseph (1999), *Democracy,com? Governance in a Networked World,* Hollis Publishing, Nueva York

Kedzie, Cristopher (sf/), 'Democracy and network interconnectivity',URL: http://isoc.org/HMP/PAPER/134/paper.htm

Mathias, Paul (1998), *La ciudad de Internet,* Bellaterra, Barcelona

Poster, Mark (1997 [1995]) 'Cyberdemocracy: internet and the public sphere' in Holmes, David (ed.), *Virtual Politics: Identity and Community in Cyberspace*, Sage, Londres, URL: http://www.hnet.uci.edu/mposter/writings/democ.html

Rash, Wayne Jr, (1997), *Politics on the Nets Wiring the Political Process,* W, H, Freeman and Co, Nueva York

Sobchack, Vivian (1996), 'Democratic Franchise and the Electronic Frontier,' en Ziauddin Sardar y Jerome R, Ravetz, eds,, *Cyberfutures Culture and Politics on the Information Superhighway,* Nueva York University Press, Nueva York

Thornton, Alinta (1996), 'Does Internet Create Democracy?', Sydney: Masters Thesis, University of Technology, Sydney URL: http://www.wr.com.au/democracy/index.html

Tim Jordan, *Cyberpower The Culture and Politics of Cyberspace and the Internet,* Londres and Routledge, Nueva York <http//www,routledge,com/>, (1999),

Whitlock, Troy (s/f) 'Technological hierarchy in MOO: reflections on power in cyberspace' URL: http://www.actlab.utexas.edu/~smack/papers/TechHier.txt

Wilhelm, Anthony (2000), *Democracy in a Digital Age Challenges to Political Life in Cyberspace,* Routledge, Nueva York

Wriston, Walter E, (1992), *The Twilight of Sovereignty,* Charles Scribner's Sons, Nueva York

Socializándose en la red

Gibson, William, (1998) *Neuromancer,* Ace, Nueva York (hay traducción en Ed. Minotauro, Barcelona)

Sefton-Green, Julian (1998), *Digital Diversions Youth Culture in the Age of Multimedia,* UCL Press, Londres

Tapscott, Don, (1998), *Growing Up DigitalThe Rise of the Net Generation,* Nueva York McGraw-Hill (hay traducción en McGraw-Hill, Madrid, *Creciendo en un entorno digital*)

Turkle, Sherry, (1995) *Life on the Screen Identity in the Age of the Internet,* Simon and Schuster, Nueva York

Educación

Hawisher, Gail E, et al, (1996) *Computers and the Teaching of Writing in American Higher Education, 1979-1994 A History,* Norwood, NJ Ablex Pub Corp

Hawisher Gail E, y Selfe, Cynthia L, eds. (1989), *Critical Perspectives on Computers and Composition Instruction,* Teachers College Press, Nueva York

Hawisher, Gail y Selfe, Cynthia eds.,(1999) *Global Literacies and the World Wide Web,*Routledge, Nueva York

Hawisher, Gail E, y Selfe, Cynthia L, eds. (1991), *Evolving Perspectives on Computers and Composition Studies,* National Council of Teachers of English, Urbana

Johnson-Eilola, Johndan,(1997) *Nostalgic Angels Rearticulating Hypertext Writing,* Ablex Pub Corp, Norwood, NJ

Kalmbach, James Robert, (1997) *The Computer and the Page Publishing, Technology, and the Classroom,* Ablex Pub Corp, Norwood, NJ

Keating Anne B, y Hargitai, Joseph (1999), , *The Wired Professor A Guide to Incorporating the World Wide Web in College Instruction,* Nueva York University Press, Nueva York

Porter, James E,(1998) *Rhetorical Ethics and Internetworked Writing,* Ablex Pub Corp, Greenwich, CT

Sullivan, Patricia y James E, Porter, (1997), *Opening Spaces Writing Technologies and Critical Research Practices,* Ablex Pub

Corp, Greenwich, CT

Control y normas sociales; desviación y anomia; conflicto

Brin, David (1998), *The Transparent Society Will Technology Force Us to Choose Between Privacy and Freedom?*, Perseus Books, Reading, MA

Bruckman, Amy, Curtis, Pavel, Figallo, Cliff, and Laurel, Brenda (1994) 'Approaches to managing virtual deviant behaviour in virtual communities' URL: fttp://ftp.cc.gatech.edu/pub/people/asb/papers/deviance-chi94.txt

Dibbell,Julian (1998) , *My Tiny Life Crime and Passion in a Virtual World*, Henry Holt, Nueva York

Godwin, Mike (1998), *Cyber Rights Defending Free Speech in the Digital Age,* Times Books, Nueva York

Lessig, Lawrence (1999), *Code and Other Laws of Cyberspace,* Basic Books, Nueva York

Lyon, David y Zureik, Elia, eds. (1996), *Computers, Surveillance, And Privacy*, University of Minnesota Press, Minneapolis

Maltz, T. (1997) 'Customary Law and Power in Internet Communities', **Journal of Computer-Mediated Communication** 2 (1) URL: http://shum.cc.huji.ac.il/jcmc/vol2/issue1/custom.html

Molist, Mercé (1998), 'A los mouses, cibersoldados', **Fronteras Electrónicas**, en http://www.arnal.es/free/docs/infoguerra.html

Taylor, Paul (1999), *Hackers Crime in the Digital Sublime,* Routledge, Londres

Young, Kimberly S, (1998), *Caught in the Net How to Recognize the Signs of Internet Addiction and a Winning Strategy for Recovery,* John Wiley & Sons, Nueva York

El trabajo y la economía en el capitalismo digital

Amin, Samir (1999), *El Capitalismo en la Era de la Globalización,*
Paidós, Barcelona

Baigorri, Artemio (1998), 'La urbe virtual. Más allá de las

jerarquías territoriales', Comunicación en el XIV Congreso Mundial de Sociología, Montreal (puede consultarse en la red en http://www.unex.es/sociolog/BAIGORRI/index.htm)

Busom, R. (1995), *La oficina virtual. Del trabajo al teletrabajo*, PC World España, Madrid

Castells, Manuel (1996), *The Rise of Network Society*, Blackwell,Oxford

Castells, Manuel (1998), 'Globalización tecnología, trabajo, empleo y empresa', **La Factoría**, 7, http://www.lafactoriaweb.com/articulos/castells7.htm

Coupland, Douglas (1996), *Microsiervos*, Ediciones B, Barcelona.

Drucker, Peter (1994), 'The Age of Social Transformation', **The Atlantic Montly**, Noviembre: http://www.theatlantic.com (Puede leerse una versión traducida al español en **La Factoría**, 13, http://www.lafactoriaweb.com/articulos/drucke13.htm)

Geddes, Bill (1999), *Los negocios en la era digital*, Plaza & Janés, Barcelona

Greenspan, Alan (1998), 'Monetary Policy Testimony and Report to the Congress', **Federal Reserve Board,** February 24, http://www.bog.frb.fed.us/boarddocs/HH/

Hirst, Paul y Thompson, Grahme, editors, *Globalization in Question* (2nd edition), Polity Press, Cambridge

Kroker, Arthur and Weinstein, Michael A. (1994) 'The political economy of virtual reality: pan-capitalism', **CTheory** 17 (1-2) URL: http://english-server.hss.cmu.edu/ctheory/a-politicaleconomy.html

Lane III, Frederick S, (1999), *Obscene Profits The Entrepreneurs of Pornography in the Cyber Age,* Routledge, Nueva York

Lorn, A. (1993), *Informational Society. An economic theory of discovery, invention and innovation*, Kluwer, Boston (Hay una versión en red en: http://www.eco.utexas.edu/Homepages/Faculty/Norman/long/indexInfo.html

Luttwak, Edward (2000), *Turbocapitalismo,* Crítica, Barcelona

Marguerio, Lynn, dir., (1998), *The Emerging Digital Economy*, US Department of Commerce, Wahsington, en línea en http://www.ecommerce.gov/emerging.hmtl

McChesney, Robert W, Meiksins Wood, Ellen y Foster, John B, eds. (1998), *Capitalism and the Information Age The Political Economy of the Global Communication Revolution,* Monthly Review Press, Nueva York

Meares, C., Sargent, J. (1999), *The digital work force: building infotech skilss at the speed of innovation*, US Department of Commerce, Washington

Nie, Norman H, y Erbring, Lutz (2000), *Internet and Society A Preliminary Report,* Paper del Stanford Institute for the Quantitative Study of Society

Rifkin, J. (2000), *La era del acceso. La revolución de la nueva economía*, Paidós, Barcelona (puede leerse el primer capítulo en inglés en la red, buscando el libro, *The Age of Access: The New Culture of Hipercapitalim Where All of Life Is a Paid-For Experience*, en la librería digital Amazon: http://www.amazon.com)

Schiller, Dan (1999), *Digital Capitalism Networking the Global Market System,* MIT Press, Cambridge

Stossel, Scott (2000), 'Soul of the New Economy', **The Atlantic Montly**, Junio, URL: http://www.theatlantic.com/umbound/crosscurrents/cc2000-06-08.htm

Swisher, Kara (1999), *Aol,Com How Steve Case Beat Bill Gates, Nailed the Netheads, and Made Millions in the War for the Web,* Times Business, Random House, Nueva York

Tapscott, Don (1996), *The Digital Economy Promise and Peril in the Age of Networked Intelligence*, McGraw-Hill, Nueva York

Wellman, B., Salaff, J., Dimitrova, D., Garton, L., Gulia, M., Haythornthwaite (1996), 'Computer Networks as Social Networks: Collaborative Work, Telework and Virtual Community', **Annual Review of Sociology**, 22, pp. 213-238

Zook, Matthew A. (1998), 'The Web of Consumption: The Spatial Organization of the Internet Industry in the United States', Comunicación presentada en la conferencia Tomorrow's Cities Today: Building for the Future, puede obtenerse en: http/socrates.berkeley.edu/~zook/

Zook, Matthew A. (1999), 'Old Hierarchies or New Networks of Centrality?. The gGlobal Geography of the Internet Content Market', Documento de Trabajo, Universidad de California, Berkeley, puede obtenerse en: http/socrates.berkeley.edu/~zook/

El descontento (*ludditas, rebeldes y críticos)*

Armitage, J. (1996), 'Resisting the Neoloberal Discourse of Technology', **C-Theory** URL: http//www,ctheory,com/

Berman, Bruce (1989), 'The Computer Metaphor:

Bureaucratizing the Mind', **Science and Culture**, 7, pp. 7-42

Brook, James y Boal, Iain A, eds. (1995) *Resisting the Virtual Life The Culture and Politics of Information*, City Lights, San Francisco

Dreyfus, Herbet L. (1972), *What Computer Cant'Do: A Critique of Artificial Reason*, Harper & Row, Nueva York

Kirkpatrick Sale,(1995) *Rebels Against the Future The Luddites and Their War on the Industrial Revolution Lessons for the Computer Age*, Massachusetts Addison-Wesley Publishing Company, Reading

Markley, R. ed. (1996), *Virtual Reality and its Discontents*, Johns Hopkins University Press, Londres

Mosco, Vincent (1986), *Fantasías electrónicas. Crítica de las tecnologías de la información*, Paidós, Barcelona

Oppenheimer, Todd (1997), 'The computer delusion', **The Atalntic Monthly**, Julio, http://www.theatlantic.com/issues/97jul/computer.htm

Roszak, Theodore (1988), *El culto a la información*, Crítica, Barcelona

Shenk, David (1997), *Data Smog Surviving the Information Glut*, HarperEdge

Turkle, Sherry (1996) 'Virtuality and its Discontents: Searching for Community in Cyberspace', **The American Prospect** 24 : 50-57. URL: http://epn.org/prospect/24/24turk.html

Ullman, Ellen (1997), *Close to the Machine Technophilia and Its Discontents*,City Lights, San Francisco

Whitaker, Reg (1999), *El fin de la privacidad*, Paidós, Barcelona

Wolton, Dominique (2000), *Internet, ¿y después?*, Gedisa, Barcelona

La investigación social en la red

Benschop, Albert (s/f) 'Peculiarities of Cyberspace - Building Blocks for an Internet Sociology', Universidad de Amsterdam, Amsterdam, URL: http://www.pscw.uva.nl/sociosite/WEBSOC/indexE.html

IEI, The Internet Economy Indicators report (2000) URL: http://www.internetindicators.com

Jones, Steve (1999), *Doing Internet Research Critical Issues and Methods for Examining the Net*, Sage, Londres

Kling, Rob (1997) 'The Internet for sociologists',
Contemporary Sociology, Julio, URL:
http://www.slis.indiana.edu/CSI/wp97-01.html

McCarthy, Nan (1996), *CHAT* and *CONNECT*, Illinois
Rainwater Press, Grayslake

Algunas revistas pioneras

Ctheory: http//www,ctheory,com/

Postmodern Culture:
http//muse,jhu,edu/journals/postmodern_culture/

Razón y Palabra: http://www.razonypalabra.org.mx/

Algunas colecciones de referencias

Compilación de Chris Toulouse, del Departamento de
Sociología y Antropología de la Hofstra University (USA), sobre
Sociología del Ciberespacio,
http://www.urbsoc.org/guides/cyberspace/Community.html

Compilación de recursos web de Kim Kregson, en la
Universidad de Indiana (USA), sobre los efectos de las **redes
comunitarias virtuales** en la participación política
http://php.ucs.indiana.edu/~kgregson/main_menu.html

Compilación de McGee's sobre **Clase, Cultura y
Ciberespacio**: http//www,igc,org/amcgee/erace,html

Monográfico de la **Revista Internacional de Ciencias
Sociales** sobre globalización (160) puede verse en:
http://firewall.unesco.org/issj/

Monográfico de la revista **Kairós**, de la Facultad de Ingeniería
y Ciencias Económico-Sociales de la Universidad Nacional de
San Luis (Argentina) sobre **nuevas tecnologías de la
información y vida cotidiana** (4):
http://www.fices.unsl.edu.ar/kairos/

La Conferencia Internacional IRISS'98 sobre **investigaciones
sociales en Internet**, celebrada en la Universidad de Bristol
(Reino Unido), reúne una buena colección de comunicaciones en
línea en: http://cep.lse.ac.uk/iriss/

El I Congreso Internacional de **Alfabetización Tecnológica
en un Mundo en Red**, celebrado en noviembre de 2000 en la
Universidad de Extremadura (España) reúne una extensa

colección de comunicaciones en línea sobre temas diversos relacionados con las NTI: http://www.ect.juntaex.es/congreso/

Compilación de referencias web no monográficas de Artemio Baigorri, de la Universidad de Extremadura (España): http://www.unex.es/sociolog/BAIGORRI/index.htm

Estadísticas

Una página en español, que reúne muchos datos y gráficos, tanto sobre España (como la Encuesta General de Medios, los datos de OJD, encuestas del CIS, etc) como globales, y vínculos a otros servicios, es la de la **Asociación de Usuarios de Internet**: http://www.aui.es/estadi/iestadi.htm

Un portal dedicado a recopilar conexiones a informes, estadísticas y rankings sobre la red a nivel global es **Cyberatlas**: http://cyberatlas.internet.com

Otro portal estadístico que, entre otras cosas, analiza la presencia de las lenguas en la red es **Global Reach** URL: http://www.globalreach.com/globstats/refs.php3

Algunas experiencias docentes sobre cibersociología

(No se señalan las direcciones web porque su ubicación cambia cada año. Pueden buscarse en las universidades en que se imparten)

Curso de Leornardo Salamini & Jim Brazell (Universidad de Bradley, Illinois, USA)

Curso de David Cole & Jeff Sauro (Universidad de Syracusa, Nueva York, USA)

Programa de Doctorado Virtual dirigido por Manuel Castells (Universitat Oberta de Catalunya, España)

Programa de Doctorado Virtual *Localizando la Globalización* dirigido por Artemio Baigorri (Universidad de Extremadura)

Segunda Parte: Sociología de Internet Aplicada

Inforicos e *infopobres*: Navegando sin remos sobre la cresta de la ola

Este texto, un artículo de opinión publicado en el diario HOY de Badajoz en septiembre de 1998, fue mi primera incursión sobre Internet. Unos meses antes había preparado una conferencia con el título de *"¿A quién sirve Internet?"* para un Curso de Educación en Valores de la Escuela de Verano de Extremadura organizada por la Asociación para la Renovación Pedagógica. Aunque ya venía incorporando el impacto de las redes telemáticas en mis trabajos más teóricos sobre Urbanismo desde 1995.

....

La fractura fundamental de las sociedades ricas avanzadas ya no viene determinada únicamente por el acceso a la propiedad de los medios de producción, ni siquiera por el factor de división en grupos de estatus determinado por las diferencias en el consumo. El acceso a la Información, y a través de ella al conocimiento, condiciona hoy en mayor medida la división y la estratificación social. De ahí que hoy hablemos, también, de *inforicos* e *infopobres* como categorías sociológicas reales.

No debemos olvidar, cuando hablamos de la Internet como instrumento de la globalización, que la red, si bien permite el acceso a parte de los bienes informativos desde cualquier punto del planeta, sea urbano o rural, esté situado en un país rico o en una lejana región de un país en desarrollo, precisa de un elemento fundamental:

la infraestructura de las telecomunicaciones. Hoy por hoy, más del 50% de las terminales Internet están en Norteamérica, en torno a un 20% en Europa occidental, sobre un 25% en el conjunto de Asia, y el resto del planeta se reparte apenas un 5%. De los 35,5 millones de puestos registrados en Internet en enero de 1998, en Vietnam, Zaire, Sudán, Ruanda, Somalia o Haití no había ninguno; en Uganda, Túnez, Cuba, Camboya, Etiopía, Albania, Nigeria o Túnez había menos de 100; en el Reino Unido había 1,2 millones.

Ni siquiera en los países centrales del sistema mundo podemos hablar de un acceso igualitario a estos nuevos bienes de producción, conocimiento, consumo y en suma poder. En los Estados Unidos, mientras el 66% de los hogares urbanos de clase media y alta poseen ordenador, entre los hogares pobres de las zonas rurales sólo el 4,5% lo poseen.

En nuestro país las diferencias no son menos abismales. Una encuesta que acabamos de hacer a los universitarios extremeños (que no olvidemos, todavía proceden fundamentalmente de las clases media y alta de la región) nos muestra las diferencias en el acceso a las infraestructuras de la Sociedad de la Información en función de los ingresos familiares: si entre los estudiantes cuyas familias ingresan al mes más de 400.000 pesetas el porcentaje de los que poseen al menos un ordenador en casa alcanza el 72%, entre aquellos cuyas familias ingresan de 300 a 400.000 el porcentaje de los que poseen ordenador se reduce a un 69%; entre aquellos cuyas familias ingresan menos de 200.000 este porcentaje se reduce a un 50%.

Las diferencias son también abrumadoras en el acceso a Internet: mientras entre los estudiantes cuyas familias poseen mayores ingresos el porcentaje de los que pueden acceder Internet es de un 49%, entre los que obtienen los menores ingresos este porcentaje se reduce a un 28%.

Los datos conocidos a nivel nacional corroboran esta estructura, como se observa en el más reciente EGM: mientras casi un 29% de la población de clase alta (un 32% en el caso de la clase media-media, más ilustrada) tiene acceso a Internet en España, el porcentaje se reduce a un 9% para la población de clase media-baja, y a menos de un 3% para la de clase baja. Así como se manifiestan graves diferencias territoriales: en torno a un 12% de la población navarra o catalana tiene acceso, mientras en Extremadura este porcentaje se reduce a un 3,3% (aún es más bajo en Castilla La Mancha, con un 2,3%). Mientras la población extremeña supone algo más de un 3% de la población española, los 'conectados' extremeños (unos 29.000) suponen apenas un 1,2% del total nacional. Estos son los hechos.

Estas diferencias las percibimos a veces de forma sangrante los profesores universitarios cuando intentamos que nuestros alumnos trabajen haciendo un uso intensivo de estas nuevas tecnologías, habida cuenta de la insuficiencia manifiesta de las aulas de informática de nuestras facultades. Uno siente que aún no estamos donde deberíamos estar cuando un alumno pregunta si puede entregar su trabajo manuscrito (el fomento del trabajo en equipo ayuda, aunque no siempre, a superar estas limitaciones).

Naturalmente, no debe mitificarse la nueva Sociedad de la Información. Como no debe mitificarse Internet: la potencia no está en lo que puede obtenerse de la red, sino en lo que se puede introducir, y sobre todo en la administración de esas informaciones. Si no existe un desarrollo tecnológico, científico, incluso ideológico (la red es también un instrumento esencial para la difusión de nuevas ideas y formas pensamiento, en suma ideologías), de poco sirve estar conectado a ella. Pero si no se está conectado, y alternativamente tampoco se dispone de medios suficientes para estar a la última en publicaciones científicas (y eso es hoy por hoy una realidad en buena parte de las universidades españolas) uno se queda descolgado del Progreso. La Internet no es efectivamente la Sociedad de Información, sino más bien sólo uno de sus epifenómenos. Pero el acceso a la misma es fundamental para el desarrollo.

Por ello, la apuesta, por ahora formal, de nuestro gobierno regional por esta cuestión me parece incuestionable. De hecho, no ha dejado de sorprenderme que Ibarra, siempre con tan buen olfato para la dirección de los vientos del mundo, haya tardado casi dos legislaturas en darse cuenta de la importancia de la informática y todo lo que su entorno conlleva -también es cierto que el fiasco del *Dragon* debió quitar las ganas a cualquiera-. Y los ataques que algunos grupos políticos han lanzado contra la misma son sencillamente ridículos.

Pero, a la vista de la política del gobierno central en cuanto a las telecomunicaciones, hay una cierta lógica en esos ataques al *discurso telemá-*

tico de Ibarra. Pues los esfuerzos que los ciudadanos están haciendo por incorporarse a la Sociedad de la Información están siendo torpedeados sistemáticamente desde Madrid. La reciente reestructuración de las tarifas de Telefónica -monopolio de hecho en el acceso ciudadano a Internet- supone la profundización de esa fractura social a que hacíamos referencia: a las dificultades culturales, pero sobre todo económicas que las clases bajas tienen para hacerse con un equipo informático capaz de conectarse a Internet con cierta holgura (lo cual supone no menos de doscientas mil pesetas), y al coste todavía excesivo de las conexiones a través de servidores, se une ahora el coste brutal de las llamadas locales. Sin olvidar la escasez de inversiones en ampliación, mejora y modernización de las redes.

Sobre lo dicho podemos afirmar que, si importante es la subsidiación de sistemas tradicionales de transporte y comunicaciones, como el ferrocarril o el transporte aéreo, no lo es menos hoy en día la dotación a la ciudadanía de un acceso fácil y económico a las tópicamente denominadas autopistas de la información. Y en este sentido, creo que la política regional a corto plazo en esta materia debería encaminarse en cuatro direcciones fundamentalmente:

1) Potenciación de la calidad en la enseñanza y la investigación en los centros universitarios orientados directa o indirectamente al desarrollo de las tecnologías de la información.

2) Una política de grandes convenios con las compañías telefónicas, tanto para una adecuada dotación de las llamadas autopistas de información en nuestra región, como para una política,

durante varios años, de tarifas planas subvencionadas en el acceso a Internet. Estos convenios con las compañías telefónicas deberían incluir la ruptura de la frontera: paradójicamente es el teléfono, uno de los símbolos de la globalización, el único elemento físico y claramente marcado que sigue mostrándonos la existencia de una frontera entre Extremadura y Portugal.

3) Creación en todos los pueblos y los barrios de las ciudades de nuestra región de lo que podríamos denominar *infotecas*. Las infotecas no son otra cosa que centros públicos dotados de numerosos ordenadores conectados a Internet, en los que los estudiantes de cualquier edad capaces de manejarlos y que no cuentan con medios económicos para tener uno propio podrían trabajar en y sobre la red. La iniciativa privada, en las grandes ciudades, ha respondido a esta demanda mediante la creación de los denominados *cibercafés*; pero obviamente esto no resuelve las diferencias entre inforicos e infopobres. Hoy las *infotecas* son sólo una palabra que se me acaba de ocurrir; pasado mañana serán un servicio público tan fundamental como las bibliotecas, las hemerotecas, o los museos. Ojalá que mañana mismo sean un servicio disponible para los ciudadanos de bajos recursos en Extremadura. La creación de esta red de infotecas supondría una fuerte inyección económica en el sector, además de la creación de numerosos puestos de trabajo para nuestros futuros egresados, en biblioteconomía, documentación e informática.

Hay que insistir en ello: quedarse fuera de la Sociedad de la Información va a equivaler a quedarse fuera del Progreso. Por otra parte, he repetido hasta la saciedad que la posición actual de nuestra región la convierte en una buena candidata para la implantación de centros de teletrabajo, que son las fábricas limpias de la sociedad de la información. Si bien tampoco debemos olvidar que los bajos índices relativos de formación del capital humano constituyen un elemento muy poco competitivo para el desarrollo de los nuevos sectores relacionados con la Sociedad de la Información.

Todo ello exige una apuesta decidida, y por supuesto muy cara. El gobierno regional no debe temer el riesgo que esto supone: las generaciones futuras sabrán, si no agradecerlo, al menos aprovecharlo.

Universitarios de primera y universitarios de segunda: Desigualdades de acceso a las nuevas tecnologías de la información en el alumnado universitario

Artemio Baigorri y **Ramón Fernández**

Ponencia en el I Congreso Internacional de Alfabetización Tecnológica (Cáceres, Noviembre, 2000). Tan sólo se recoge la parte que expone la investigación realizada, pues la primera parte, dedicada a la teoría y exclusivamente de mi autoría, está ya incorporada en otros capítulos. El texto se publicó en el volumen Infodex, *Educación. Retos de la alfabetización tecnológica en un mundo en red*, Junta de Extremadura, Mérida, 2002, pp. 50-60

....

La comunicación, basada en una encuesta a los estudiantes de la Universidad de Extremadura realizada por el Grupo de Investigación en Estudios Sociales y Territoriales (GIESYT) de la UEx en el curso 1999-2000, analiza las diferencias en el acceso a las nuevas tecnologías, y específicamente a Internet, de dichos alumnos, considerando como variables explicativas las características socioeconómicas de sus familias. Asimismo, considerando otra encuesta realizada un año antes, mide la variación que se ha producido respecto del curso anterior. Enmarcando los resultados en el análisis de los datos procedentes de las Encuestas Generales de Medios y otros estudios de ámbito nacional que señalan las diferencias existentes en función de la riqueza económica de las regiones.

La fractura digital en España y Extremadura

Desde hace algunos años venimos introduciendo en los estudios que realizamos variables que nos permiten medir el acceso de la población a las NTI, lo que nos permite observar en distintos ámbitos los niveles de penetración de estas en Extremadura. Los estudios generales muestran por una parte cómo Extremadura se encuentra situada en los últimos lugares en implantación, y por otra que el acceso a éstas es desigual para los distintos grupos sociales.

El acceso a las nuevas tecnologías de la información lo vamos a medir a través de la posesión y/o uso de un ordenador personal y del acceso a internet, que en la actualidad está estrechamente relacionado con la disposición de un ordenador. El Estudio General de Medios (EGM) muestra el incremento constante tanto de hogares que poseen ordenadores personales como de usuarios del mismo, de forma que en 1999 disponen de ordenador un 28% de los hogares españoles (una proporción superior a la de hogares que disponen de lavavajillas o antena parabólica, pero todavía a años luz de las proporciones que se observan en Norteamérica) y la proporción de usuarios es algo superior, si bien la de usuarios habituales es de poco más del 20% de la población mayor de 14 años.

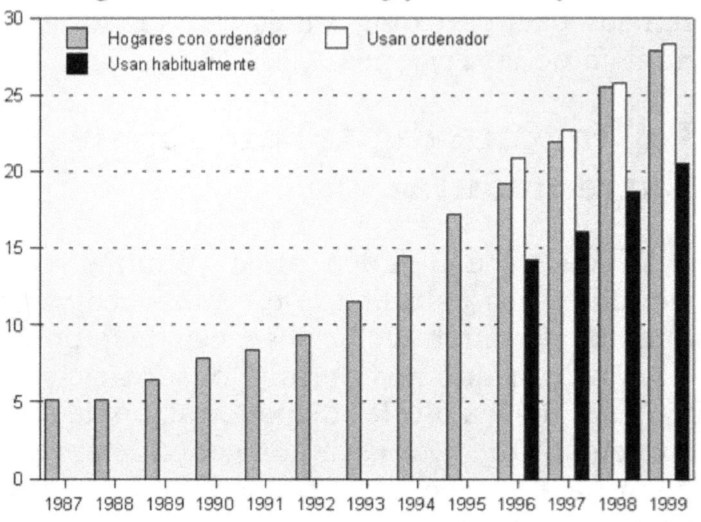

Fuente: EGM

Este incremento observado, que en el caso de los ordenadores es superior al 2% anual desde principios de la década, ha crecido en los últimos años, aproximándose al 3% anual, y el de usuarios crece un 2,5% anual, mientras que el de usuarios habituales crece también, aunque de forma algo más lenta, un 2% anual. Los datos disponibles para Extremadura nos muestran una menor posesión de ordenadores personales, así en una encuesta que realizamos a principios de 1998 resultaba que el 20% de los hogares extremeños disponían de ordenador personal, mientras que la proporción de usuarios es bastante más baja, del 12% y la de usuarios habituales del 10%.

El acceso a internet está claramente condicionado por la existencia de un ordenador en el hogar. La encuesta general a usuarios de internet que realiza AIMC en colaboración con distintas entidades, muestra, en primer lugar que gran parte de los usuarios de internet tienen acceso desde dos o más lugares, así el 78% de los individuos que responden a la encuesta lo hacen desde su hogar, una proporción igual que la de aquellos que tienen acceso desde su trabajo o centro de estudios, siendo escasos (6,5%) los individuos que acceden desde un terminal público, ya sea este de financiación pública (biblioteca NCC o similar) o privado, como es el caso de los cibercafés.

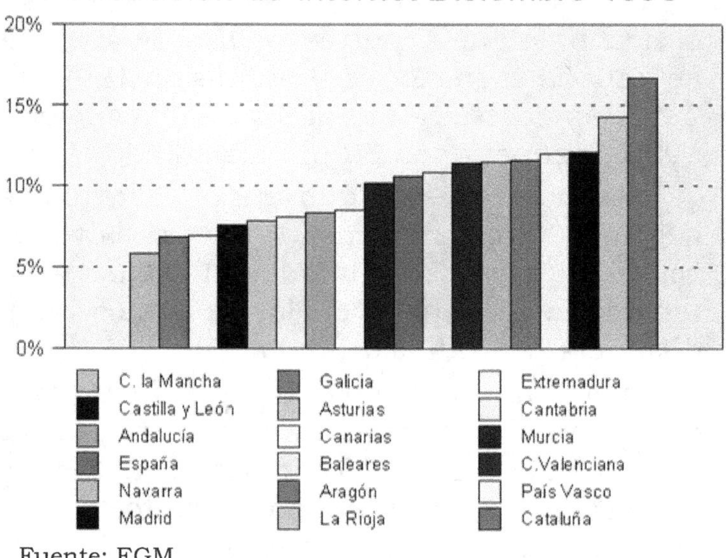

Fuente: EGM

Los datos que facilita el EGM de penetración de internet nos muestran que a finales de 1999 no llega al 11% la población española mayor de 14 años que tiene acceso a internet, y que Extremadura con casi un 7% de población con acceso es una de las últimas, por delante solamente de Castilla-La Mancha y Galicia.

El crecimiento de la población que tiene acceso se ha incrementado notablemente desde finales de 1997, fecha en la que la penetración era de solamente el 4,5% de la población española y el 2,4% de la extremeña, pero en estos años, aunque las diferencias absolutas de penetración entre Extremadura y España se han incrementado (de 2,1 a 3,7 puntos) la tasa de crecimiento de Extremadura es muy superior a la nacional.

Así, en los dos últimos años mientras que en España la proporción de población con acceso a internet se ha multiplicado por 2,4, en Extremadura lo ha hecho por 2,9, pero hay que destacar el hecho de que mientras la tasa de crecimiento en España es menor en 9 puntos en 1999 que en 1998, en Extremadura la tasa de crecimiento de 1999 es superior en 52 puntos a la de 1998.

Esto nos muestra que aunque Extremadura llega más tarde a internet, lo hace cada vez a una velocidad mayor, con lo que, en el caso de mantenerse la tendencia, en los próximos años las distancias se irán acortando.

En el gráfico tenemos las tasas de crecimiento de las ocho Comunidades que han crecido en mayor medida entre 1997 y 1999. Extremadura ocupa el quinto lugar por crecimiento en el bienio, pero hay que destacar que en 1999 es la segunda comunidad que más crece, detrás de Castilla la Mancha.

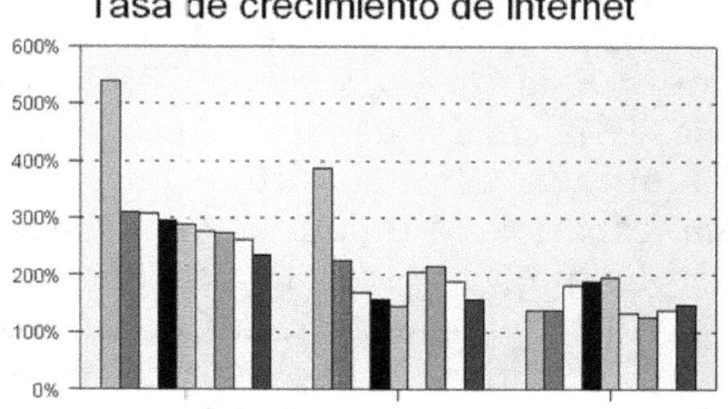

Destaca el espectacular crecimiento de Cantabria, concentrado en 1998, que hace que pase de ser la última Comunidad en 1997 a ocupar el puesto 12 entre las 17 Comunidades.

Partiendo de que en todas los Comunidades ha crecido de manera importante el número de usuarios de Internet, podemos apuntar algunos cambios significativos que se han producido entre estas.

Lo primero que observamos es que en 1997 once comunidades están por debajo de la media nacional, mientras que en 1999 son nueve, y que la distancia de Cataluña respecto al resto de comunidades es muy amplia, y esta se ha reducido bastante en 1999. Hay cambios importantes tanto en los primeros como en los últimos lugares.

De las cinco últimas comunidades en 1997, en 1999 sólo se mantienen en esas posiciones Castilla la Mancha, Extremadura y Castilla-León, a las que se les han añadido Galicia y Asturias. En los primeros lugares también se han producido cambios, y a Cataluña, la Rioja y Madrid, que estaban en los primeros lugares, se les han unido Aragón y País Vasco, que en 1997 estaban por debajo de la media española. Las ocho comunidades que en 1999 se sitúan por encima de la media española dibujan el ya clásico arco de desarrollo que va desde el País Vasco a la Comunidad Valenciana junto a la Comunidad de Madrid. En definitiva, la España rica tiene una proporción de usuarios netamente superior a la España pobre, de forma que con poco más de la mitad de la población, tiene dos de cada tres de los casi tres millones setecientos mil usuarios de internet existentes en España. Esta diferencia entre las regiones en función de su riqueza, podemos vincularla también con la proporción de población urbana de las mismas.

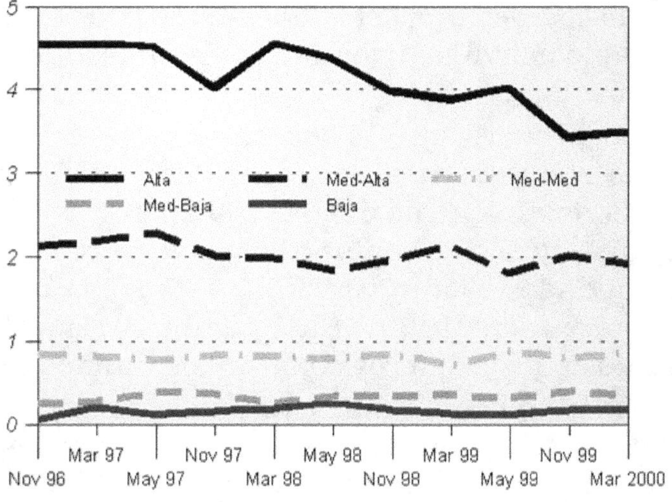

Peso de internautas por clase social

El perfil de los internautas es el de jóvenes, urbanos, con niveles de estudios altos y pertenecientes a las clases alta y media alta. Los datos nos muestran que, pese a que en conjunto las clases alta y media alta representan poco más del 20% de la población española, representan en torno al 55% de los usuarios de Internet, aunque las distintas oleadas del EGM nos muestran cómo va descendiendo el peso de los internautas de clase alta y media alta en función de la proporción que representan en la población española. A falta de estudios más detallados, seguramente nos encontramos con los inicios de procesos de democratización en el acceso que en otros países desarrollados se manifiestan de forma clara.

Tendencias en el acceso a las NTI entre los estudiantes de la Universidad de Extremadura

Los estudiantes universitarios son un grupo de población que suele reflejar con antelación los cambios sociales que se producen en las sociedades de las que forman parte, de ahí el interés de estudiar sus comportamientos y cómo evolucionan en el tiempo.

Para el estudio de la tecnificación de los estudiantes de la UEx, disponemos de dos encuestas, realizada una de ellas en el primer trimestre de 1998 y la otra en el último de 1999; es decir, con aproximadamente año y medio de diferencia

Disponen de ordenador y acceso a internet

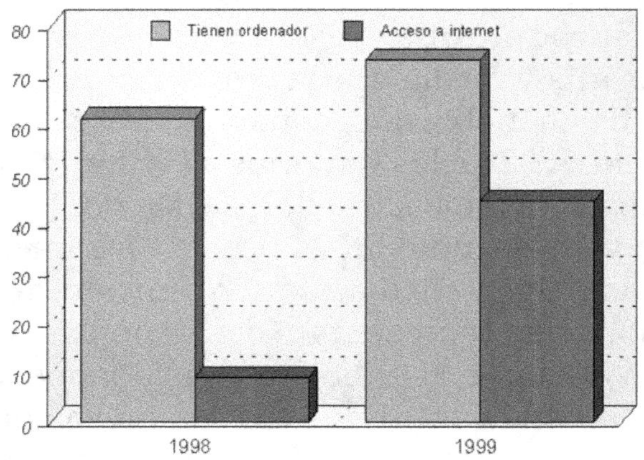

Estas encuestas nos muestran no sólo que los estudiantes universitarios de Extremadura disponen de ordenador en proporciones muy superiores a las media extremeñas y españolas, sino que se están informatizando a una altísima velocidad, como puede comprobarse del crecimiento que se ha producido en tan corto espacio de tiempo, muy superior a las tasas medias de la población.

Prácticamente tres de cada cuatro estudiantes disponen de ordenador en 1999, con un crecimiento medio anual del 13%, recordemos que el crecimiento medio en España de los ordenadores era del 3% en el último año. Debemos considerar también que los universitarios son en gran parte usuarios habituales del ordenador.

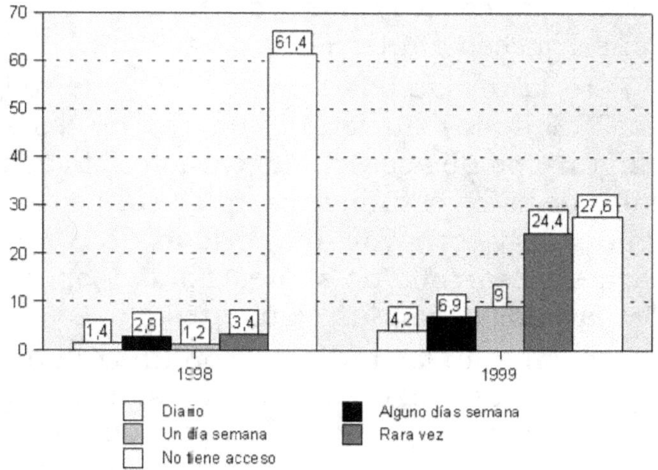

Según los datos de la encuesta realizada en 1998, el 43% de los que tienen ordenador lo utilizan más de una hora diaria, a los que hay que añadir otro 13% que lo usa a diario, pero en menor medida, más un 16% que lo utiliza preferentemente los fines de semana.

Pero el acceso a internet ha sufrido cambios aún más importantes, mientras que en 1998 solamente el 8% había accedido a internet, en 1999 son ya el 45% los que han utilizado internet. Junto al incremento de los usuarios se ha producido también un crecimiento importante en la frecuencia de uso. Así tenemos el 4% de los estudiantes lo utilizan a diario, tres veces más que en 1998, el 16% accede al menos un día a la semana (7% varios días a la semana, y 9% una vez a la semana) cuatro veces más que en el año anterior, multiplicándose por seis los que han utilizado internet de forma ocasional, que ya son uno de cada cuatro estudiantes universitarios. En consecuencia, con lo anterior ha disminuido de manera drástica el número de estudiantes que no tienen acceso a internet.

Pero la desigualdad en el acceso se refleja en un 28% de los universitarios que no dispone de ningún tipo de acceso. Las características principales de estos estudiantes, que están situados en una cada vez mayor inferioridad de condiciones para el desarrollo de sus estudios y oportunidades laborales, son las siguientes.

Predominan las mujeres, con una diferencia de 5 puntos, los menores de 20 años, (8 puntos), los estudiantes de primeros cursos de carrera (11 puntos) y los de ciencias humanas (4 puntos).

Pero las características determinantes son las socioeconómicas. Así, los hijos de trabajadores asalariados sin cualificación universitaria no tienen acceso en una proporción superior en 9 puntos a la media, la profesión de la madre tiene menos influencia, ya que la diferencia es de 6 puntos. La posición social, que es un indicador que resume la profesión de los padres en conjunto, muestra diferencias notables, ya que los estudiantes de familias de posición social media baja y baja acceden en una proporción 10 puntos inferior.

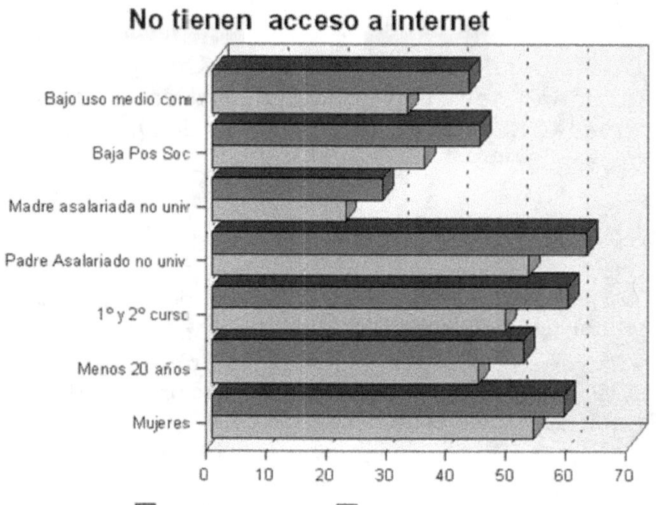

Los ingresos, siendo un factor importante, influyen en menor medida que la posición social, ya que los que tienen ingresos inferiores a las 200.000 pesetas mensuales, acceden en una proporción inferior en siete puntos, lo que nos indica que el acceso a internet no es solamente una cuestión económica (a partir de un nivel determinado de ingresos) ya que la predisposición sociocultural es de gran importancia, como nos indica el hecho de que los que utilizan en menor medida los medios de comunicación acceden a internet en una proporción inferior en 10 puntos.

Fuentes utilizadas para el análisis empírico

- Encuesta General de Medios (pueden consultarse en

- Estudio de la difusión de medios de comunicación entre los universitarios extremeños. Convenio entre el

GIESyT (Uex) con Icaro SL, 1998

- Estudio de actitudes hacia la Unión Europea de los estudiantes de la Universidad de Extremadura. Convenio entre el GIESyT (Uex) con el Centro de Documentación Europea, 1999

Bibliografía y cibereferencias

Armitage, J. (1996), 'Resisting the Neoloberal Discourse of Technology', **C-Theory** URL: http://www.ctheory.com/a68/html

Baigorri, A. (2000), 'Elementos para un análisis crítico de la red', Ponencia en el I Congreso Internacional de Alfabetización Tecnológica, Cáceres (puede verse en URL: http://www.unex.es/sociolog/BAIGORRI/index.htm)

Baigorri, A. (1998), 'Info-ricos e info-pobres. Navegando sin remos por la cresta de la ola', **HOY** (puede verse en URL: http://www.unex.es/sociolog/BAIGORRI/index.htm)

Baigorri, A. (1995), 'El derecho a la ciudad revisitado: la ciudad como organización física de la coexistencia', Conferencia en la Escuela Técnica Superior de Arquitectura de Madrid, URL: http://www.unex.es/sociolog/BAIGORRI/papers/etsam.htm

Clinton, W.J. (1997), 'Remarks by The President at Education Announcement/ Roundtable', The White House, URL: http://www.iitf.nist.gov/documents/press/040297.htm

Global Reach (2000), 'Global Internet Statistics by Language', URL: http://www.globalreach.com/globstats/refs.php3

Hoffman, D., Nocak, T. (1999), 'The evolution of The Digital Divide' URL: http://www2000.ogsm.vanderbilt.edu

Lavoie, B., O'Neill, E. (1999), 'How World Wide is the Web: trends in the Internationalization of Web Sites', **Annual Review of OCL Reasearch 1999** URL: http://www.ocl.org

McConnaughey, J., Nila, C., Sloan, T. (1995), 'Falling through the Net: a Survey of the "Have Nots" in Rural and Urban America', U.s. Department Of Commerce, Washington, URL: http://www.ntia.doc.gov/ntiahome/fallingthru.html

McConnaughey, J., Lader, W.(1998), 'Falling through the Net II: New Data on the Digital Divide', National Telecommunications And Information Administration URL: http://www.ntia.doc.gov/ntiahome/net2/falling.html

Meares, C., Sargent, J. (1999), *The digital work force: building infotech skilss at the speed of innovation*, US Department of Commerce, Washington

Myers, S. et al (2000), 'Historically Black Colleges and

Universities. An Assesment of Networking and Connectivity', US Department of Commerce, Washington

Pruett, D., Deane, J. (1998), 'Internet y la pobreza', Informe Panos Nº 28, Instituto Panos, URL: http://www.oneworld.org/panos/briefing/interpov.htm (Puede leerse la traducción española en **Cuadernos Ciberespacio y Sociedad**, 3, marzo 1999

Rifkin, J. (2000). *La era del acceso. La revolución de la nueva economía*, Paidós, Barcelona

Virilio, P. (1996). 'The Silence of the Lambs: paul Virilio in Conversation0, **C-Theory**, Vol. 19, Nº 1-2, p. 3

Alfabetización digital de mayores

Artemio Baigorri y **Mar Chaves**

Una versión en inglés se publicó con el título "Digital literacy in senior citizens in Extremadura (Spain)" en Birgit Jaeger, ed. *Young Technologies in Old Hands*, DJOF Publishing, Copenhague, 2005, pp. 137-158

....

Tanto el desarrollo de las Nuevas Tecnologías de la Información y la Comunicación (NTIC), como su potencial, vienen siendo objeto de investigación, en los últimos años, desde todos los ámbitos de especialización de las Ciencias Sociales, debido al profundo impacto que están produciendo en la sociedad. Pero, más recientemente, tanto los investigadores como los gestores públicos empiezan a prestar atención no sólo a las necesidades sociales ya existentes, y que las NTIC vienen a satisfacer de otra forma, sino también a las *nuevas* necesidades que esas tecnologías generan.

Una particularmente evidente es la alfabetización tecnológica/digital en sectores en los que el impacto está siendo más inmediato: pues el acceso a las ventajas que, en lo que a la calidad de vida se refiere, suponen las NTIC, se viene instituyendo, desde mediados de la última década del siglo XX, en un importante factor determinante de exclusión o integración social en el marco de la nueva Sociedad Telemática.

Un segundo elemento conforma este trabajo: la vejez. Una categoría sociológica cada vez más ambigua, pero que supone en cualquier caso, para la mayoría de la población, un momento de creciente dependencia que las NTIC están contribuyendo a paliar, y sin duda alguna lo harán mucho más en el futuro. Un futuro marcado precisamente, por ahora en Occidente, por un acelerado envejecimiento de los efectivos demográficos.

El tercer elemento lo constituyen las políticas puestas en marcha por las administraciones públicas para enfrentarse a los desafíos que se derivan de la irrupción en la sociedad de las NTIC, y muy especialmente de su impacto en colectivos que, como los ancianos que son objeto de nuestro análisis, están en situación de riesgo de caer en situación de exclusión social.

Y en este sentido, los primeros años del siglo XXI están siendo la expresión del modelo neoliberal de Sociedad Telemática impuesto por la administración republicana en los USA, y caracterizado por el abandono por parte del Estado de su rol como proveedor del acceso en condiciones de igualdad a las NTIC; o lo que es lo mismo, el olvido de buena parte de los planes de extensión de los beneficios de la Sociedad Telemática a todas las capas de la población diseñados por el gobierno de Clinton y Gore.

Esta política de olvido del papel Estado ha sido especialmente imitada en aquellos países que, como España, han tenido en los últimos años gobiernos claramente inspirados por el modelo republicano norteamericano. La WMRC Global E-Government Survey, realizada desde el año 2001 por el Taubman Center for Public Policy de la

Brown University, pone de manifiesto la degradación telemática operada en los USA, y en aquellos países que han seguido su modelo, analizando la presencia de la Administración Pública en la web. Mientras en 2001 los Estados Unidos ocupaban todavía el primer puesto mundial, a partir del 2002 cedieron esa posición a otros países, pasando a ocupar la 4ª posición. En la última edición, correspondiente al año 2004, los Estados Unidos permanecen en 3ª posición, después de Taiwan y Singapur.

En cuanto a España, quedaba ya en el año 2001 en la posición 51, por detrás de numerosos países en vías de desarrollo como Mauritania, Bolivia o El Salvador; pero desde entonces su posición no ha hecho sino empeorar todavía más, pasando a la posición 62 en el año 2002, a la 68 en el año 2003, y a la 77 en el año 2004, por detrás incluso de Camboya y hasta Corea del Norte.

Por esta razón, las iniciativas públicas que han venido impulsando programas de alfabetización tecnológica/digital para todos en general, y para los ancianos en particular, provienen de las administraciones regionales; son los gobiernos regionales en España los que han asumido *de facto*, ante la dejación del Gobierno central, la responsabilidad de proveer este acceso a las nuevas herramientas telemáticas, aprovechando para ello los fondos comunitarios. Así ha ocurrido en la Comunidad Autónoma de Extremadura, en donde se concreta nuestro análisis.

El presente artículo da cuenta de las políticas públicas en España relacionadas con la provisión de acceso, formación y cualificación de los ancianos en el uso de las NTIC. Al mismo tiempo, se analizan para el caso de la región autónoma de Extremadura las iniciativas de alfabetización tecnológica que, desde la iniciativa pública como privada, se están llevando a cabo para la capacitación del colectivo de ancianos en el uso de estas nuevas herramientas y su inserción activa y plena dentro de la sociedad telemática.

Se presta especial atención al análisis de los principios que guían los instrumentos tecnológicos y su adecuación a su vida diaria, es decir, mediante el uso directo de las potencialidades y ventajas incorporadas en las NTIC. Siempre teniendo en cuenta la posible influencia de estas tecnologías (Internet, correo electrónico, etc) en el logro de mayores cuotas de calidad de vida -personal y relacional- en los ancianos ya alfabetizados, y ello en la medida en que suponga una diferencia con respecto a otros ancianos que no participen en estos procesos de alfabetización.

Para ello se han realizado grupos de discusión, y se ha aplicado además un cuestionario estructurado con ancianos que están participando en programas de alfabetización tecnológica en Extremadura.

La fractura digital en base a la edad en España: Nuevas Tecnologías de la Información y la Comunicación y ancianos

Resultado de la combinación de diversos factores sociales y económicos, relacionados con el impacto de las Nuevas Tecnologías de la Información y Comunicación (NTIC) y sobre todo de Internet, se ha configurado lo que denominamos

Sociedad Telemática, caracterizada, en exclusividad histórica, por la *"capacidad de superar barreras espacio/temporales, gracias a las nuevas tecnologías de procesamiento, transmisión y difusión de la información"* (Baigorri, 2001); y que se define además como global, en tanto que se constituye en la nueva sociedad emergente tras los procesos de transnacionalización (globalización) y su impacto en la sociedad

El desarrollo de las NTIC, y sobre todo su potencial, han sido la base para muchas investigaciones y políticas sociales, en las que la alfabetización digital en diversos sectores económicos, políticos y en la sociedad civil es tenida en cuenta por gobiernos, al mismo tiempo que empiezan a ser consideradas como factor de exclusión o integración social dentro de la Sociedad Telemática. Este es un aspecto clave a tener en cuenta al estudiar a los ancianos y su relación con las nuevas tecnologías, ya que este sector de población ha sido considerado históricamente y según diversas teorías como excluidos, por lo que estaríamos ante otra manifestación de la exclusión: la fractura digital (digital divide) (Baigorri 2001). El no uso -o un uso ineficiente- de las NTIC puede ser un nuevo mecanismo de exclusión en la nueva sociedad emergente.

No debemos olvidar, por otra parte, que el Estado de Bienestar está basado en la universalización del acceso a ciertos bienes y servicios, tanto económicos, culturales y personales, como son la educación, la sanidad o la vivienda; y que un número creciente de actividades sociales y servicios públicos empiezan a realizarse de manera telemática, en la enseñanza, la Sanidad, la asistencia domiciliaria y otros muchos campos. Por lo que la supuesta universalización depende, cada vez en mayor medida, del acceso real y efectivo a los nuevos bienes tecnológicos. Y este acceso real y efectivo depende, a su vez, de tres factores: la dotación de infraestructuras (redes telemáticas), el acceso a los equipos necesarios (tanto ordenadores domésticos como todo tipo de complementos), y finalmente pero no con menos importancia, la capacidad de uso, esto es lo que entendemos por alfabetización tecnológica, o digital.

Por tanto, el grado de integración dentro de la Sociedad Telemática, tanto en el ámbito de la economía como en el de la vida cotidiana, vendrá marcado e influido por los procesos de inserción en cuanto a usos y aplicabilidad de las NTIC, esto es la alfabetización digital.

El análisis de iniciativas de alfabetización se torna así imprescindible si queremos determinar el grado de inserción de los colectivos sociales, y sobre todo, si queremos evaluar la eficiencia y la consecución de los objetivos pretendidos en este proceso. En nuestro caso, las iniciativas son analizadas desde las esferas públicas y privadas, teniendo en cuenta las diferencias significativas que guían ambos procesos, así como las características propias del colectivo al que van dirigidas, los ancianos. Un colectivo que, a priori es considerado como refractario a las nuevas tecnologías de la sociedad del siglo XXI, pero que paradójicamente constituirán un volumen importantísimo de usuarios, debido al progresivo envejecimiento de las sociedades desarrolladas.

Este último punto se pone especialmente de manifiesto en España, tanto a nivel nacional como para cada una de sus regiones, siendo Extremadura una de las más envejecidas. Diversos informes evidencian que el número de personas mayores ha crecido a lo largo del pasado siglo y seguirá creciendo en un inmediato futuro, como consecuencia de la interacción, sobre todo, de dos fenómenos sociodemográficos: el incremento de la esperanza de vida al nacer, y el descenso de la natalidad. Según los más recientes cálculos del INSERSO (órgano gestor en España de las políticas sobre ancianos de ámbito estatal), la población a la que denominamos ancianos -tercera y cuarta edad- conforman en el año 2003 el 16,8% de la población española, habiéndose multiplicado por siete este segmento desde comienzos del siglo XX. Los octogenarios, esto es la llamada cuarta edad, sobrepasan el millón y medio de personas, y las previsiones futuras no hacen sino augurar un crecimiento aún mayor en los próximos treinta años. El gráfico expresa mejor la situación, al mostrar no el peso demográfico absoluto de los ancianos, sino la proporción de menores de por cada persona mayor de 65 años.

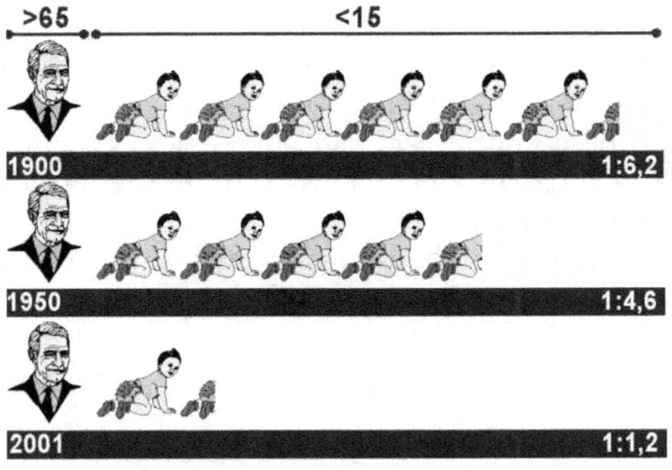

Por otra parte, y atendiendo a las diferencias de género, el número de mujeres ancianas es mayor que el de hombres, diferencia que se torna más evidente en las mujeres octogenarias, pues la esperanza de vida al nacer de las mujeres es en España de 81,3 años, frente a 74,4 años para los hombres: de forma que dos de cada tres personas mayores de 80 años son mujeres en España.

Estas cifras siguen la misma tónica en la Comunidad Autónoma de Extremadura, siendo una de las regiones más envejecida con respecto a la población nacional: los ancianos extremeños conforman el 18,8% de la población, siguiendo también las mismas pautas de género que a nivel nacional.

Queda claro que el envejecimiento de la sociedad española y la extremeña es patente, y las predicciones futuras se encaminan a un aumento progresivo de los mismos. Encontrándonos por tanto ante un gran contingente de ancianos que constituirán una parte cuantitativamente importante de la sociedad telemática del siglo XXI.

Sin embargo, ya hemos señalado cómo la inserción en la Sociedad Telemática del siglo XXI no se logrará sin una previa alfabetización tecnológica. Y nos encontramos con que, en el caso de los ancianos, su capacidad real de acceso y apropiación cualificada de las nuevas herramientas difiere enormemente con respecto a otros colectivos, hasta el punto de ser una de las caras de la denominada fractura digital (digital divide).

Aunque las previsiones en otros países como

Estados Unidos sean alentadoras sobre la inserción de este colectivo como usuario de Internet, en España y en Extremadura, los porcentajes son mínimos.

Según el último estudio de la consultora Nielsen/NetRatings, publicado a finales de 2003, los internautas mayores de 65 años habían crecido en Estados Unidos un 25% con respecto a octubre de 2002, habiendo pasado de 7'6 millones de usuarios ancianos conectados, a 9,6 millones. Sin embargo, en España el porcentaje de usuarios de Internet mayores de 65 años ha sido estimado en tan sólo el 1,2%, siendo el porcentaje más bajo de Europa. El bajo peso del acceso a Internet entre los mayores se evidencia cuando observamos que, según hemos visto, los de 65 y más años suponen un 16,8 % de la población; sin embargo, y según la Encuesta General de Medios (la fuente más fiable en España sobre la difusión de los medios de comunicación de masas), entre los usuarios de Internet el porcentaje de quienes tienen esa edad apenas suponen un 0,9 % a finales del 2003.

Es evidente, por tanto, que en España la fractura digital afecta muy especialmente a los ancianos. Aunque no podamos establecer en términos absolutos la causa de estos bajos niveles de inserción, no es arriesgado afirmar que muy probablemente estén relacionados con el coste del equipo y de la conexión a Internet, por un lado, y de otra parte con la extensión del analfabetismo digital. Aspectos frente a los cuales la Administración del Estado no ha desarrollado absolutamente ninguna política entre 1996, año en que Internet irrumpió en la vida cotidiana, y 2003; esto es, durante el periodo de tiempo en el que el conservador Partido Popular ha estado en el Gobierno.

Las políticas para el acceso, formación y cualificación de la población mayor mediante las NTI. Iniciativas regionales y programas

Como ha quedado señalado, el gobierno conservador de España optó, a mediados de la pasada década, por dejar que la inserción del país en la entonces llamada Sociedad de la Información fuese en exclusiva un producto de las fuerzas del mercado; y las consecuencias no han podido ser más catastróficas para un país que, estando entre las quince potencias económicas del mundo, ha quedado relegado a la condición de secundario en la Sociedad Telemática; ocupando el puesto 28º, de entre los países del mundo, en el Indice de Acceso Digital (DAI) elaborado por la International Telecommunication Unión (ITU), índice que es considerado en la actualidad como el más serio indicador de inserción en la Sociedad Telemática.

En el marco de la Unión Europea la posición de España ha venido asimismo perdiendo posiciones de forma sistemática: el último informe de Eurostat sobre la materia pone de manifiesto el progresivo alejamiento de las tendencias globales que se ha producido. En el año 2.000 había, para el conjunto de la UE, 25 usuarios de Internet por cada 100 habitantes, mientras que en España tan sólo había 14; tres años después la diferencia de 11 puntos se había ampliado a 17 puntos: mientras en el conjunto de la Unión había en 2002 una media de 36 usuarios/100 habitantes, en España la tasa de penetración de Internet se limitaba a 19 usuarios/100 habitantes. Ese mismo año, para el conjunto de la Unión un 14% de los usuarios de Internet accedían ya a través de las tecnologías más rápidas y avanzadas, el cable y las redes inalámbricas (*wireless*), mientras que en España ese porcentaje se reducía a la mitad. Por su parte, el informe de la OCDE, *"Measuring the Information Economy"*, publicado en 2002, también sitúa a España en los últimos puestos de entre los países de la OCDE, en todas las variables consideradas; tanto en cuanto a producción de TIC, dotación de infraestructuras, acceso a las mismas y uso aplicado a la producción y el consumo.

Ante la creciente demanda ciudadana de infraestructuras y servicios de acceso a las NTIC, y muy especialmente a Internet, han sido las administraciones regionales quienes han intentado responder, en la medida de sus posibilidades y siempre con ayuda de los Fondos de cohesión comunitarios, a dicho reto.

En la medida en que el sistema político español se basa en una organización descentralizada del Estado (o Estado de las Autonomías), los gobiernos regionales se han convertido de facto en los responsables de llevar a cabo las políticas de inserción de todos los colectivos sociales en la sociedad telemática, con el objetivo de reducir la fractura digital en el acceso a las ventajas incorporadas a las NTIC. Y ello se ha hecho particularmente evidente en el caso de la inserción de determinados colectivos específicos, como los ancianos, las mujeres o la población rural.

Pero, en la medida en que el Estado central no se ha ocupado de la Sociedad Telemática, no han sido definidos unos *estándares telemáticos* a los que los ciudadanos tengan derecho; de lo que se deriva el establecimiento de nuevas líneas de fractura respecto a las que la estratificación social y el mercado imponen: mientras en unas regiones se han ofertado vías de inserción en la Sociedad Telemática a los ancianos, en otras no ha ocurrido así, o no ha podido hacerse con recursos suficientes como para superar las desigualdades entre regiones, que se han venido agudizando como se muestra en el gráfico, que recoge los porcentajes de población que, en cada momento analizado y en cada región, tenían acceso a Internet. Como puede observarse, entre los años 2000 y 2003 se ha incrementado el número de regiones que quedan por debajo de la media nacional.

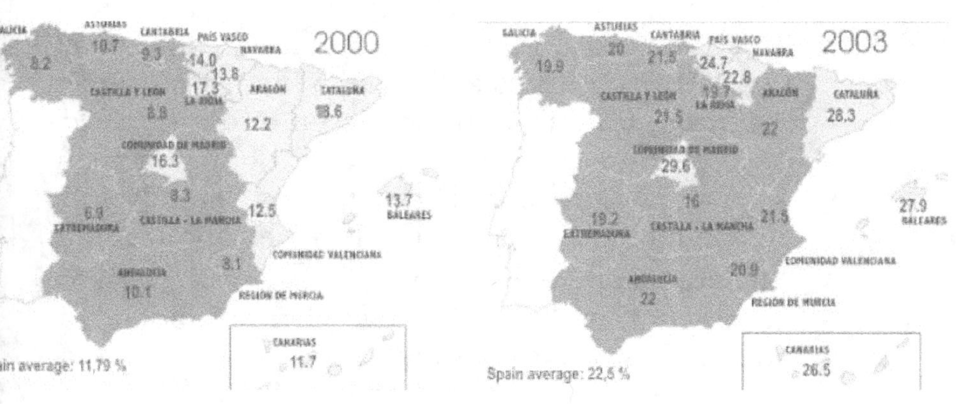

Por otra parte, entre las regiones en las que se han desarrollado iniciativas de lucha contra la exclusión digital de los ancianos, las diferencias son sustanciales: pues mientras en unas regiones tan sólo se ha dotado a un porcentaje normalmente reducido de ancianos de alfabetización digital, en otras se ha ido más allá y se ha subvencionado la adquisición de equipos informáticos, o la conexión a Internet.

En algunas de las regiones, junto a las iniciativas de los gobiernos autonómicos encontramos iniciativas surgidas de organizaciones privadas: en unos casos fruto de la acción de Organizaciones No Gubernamentales activas en el ámbito de los grupos en riesgo de exclusión, y en otros fruto de la acción de grandes corporaciones que han incluido los programas de alfabetización digital e inserción telemática entre los objetivos de sus planes de acción social. En este trabajo se analiza precisamente el programa de alfabetización digital promovido desde la Fundación la Caixa, perteneciente a una de las instituciones bancarias más importantes de España.

Hasta qué punto estas acciones emanadas de las grandes corporaciones bancarias responden a un auténtico interés solidario, o bien son un producto de marketing (teniendo en cuenta que los propios bancos venden productos informáticos), es una cuestión sobre la que no nos detendremos en este momento, pero que debe ser analizada.

En lo que se refiere a las iniciativas de carácter público desarrolladas por las Comunidades Autónomas para paliar la falta de una política estatal de inserción en la Sociedad Telemática, la región de Extremadura fue la pionera en plantearse, a partir de 1997, el diseño de un Proyecto Global de la Sociedad de la Información, con ayuda de fondos de la iniciativa europea RISI (Regional Information Society Iniciative). Pero a partir de 1999-2000 la mayoría de las regiones desarrollaron sus propios Planes Estratégicos de inserción en la Sociedad Telemática, bajo denominaciones y con alcances muy variados. Desarrollando muchas de ellas también programas específicos dirigidos a luchar contra la exclusión digital.

En **Andalucía** ya se incluyó en el año 2000, el III Plan Andaluz de Investigación, el programa general "Andalucía: una Sociedad de la Información Equitativa", con la finalidad de evitar los riesgos de la fractura digital. Y en 2002 se ponía en marcha el Plan Estratégico para la Sociedad de la Información "Info@ndalus", en cuyo marco se incluyen, entre otros, programas de ayudas a las familias para adquisición de hardware y software. Por otra parte, el "Plan Andaluz para la Inclusión Social 2003-2006" incluye objetivos relativos a la lucha contra la fractura digital. Específicamente orientado a la vejez es el programa "Tarjeta 65", consistente en el diseño de una tarjeta electrónica con chip incorporado para facilitar los servicios a las personas mayores; también se benefician de la incorporación a Internet del Servicio Andaluz de Teleasistencia, y de algunos de los logros derivados del desarrollo de un Sistema Integral de Telemedicina. Sin embargo, entre los programas no aparece ninguno orientado específicamente a la alfabetización digital de ancianos.

En **Aragón**, aun siendo una de las pocas regiones que no cuentan con un Plan Estratégico para la Sociedad de la Información, encontramos un programa de "Ciberaulas para mayores", ubicadas en los Centros Asistenciales de Día, y dedicadas a la alfabetización digital.

En **Asturias** tampoco existe un Plan Estratégico específico para la Sociedad de la Información, ni se han difundido programas orientados a la alfabetización digital de mayores. Si bien se ha puesto en marcha una Red de Telecentros que intenta llevar Internet a las zonas rurales.

En **Baleares** existe el Plan BIT Siglo XXI, para el periodo 2001-2004, que viene a ser una estrategia regional para la sociedad telemática y atiende a diversos aspectos, pero no se conoce ningún programa específico desarrollado en torno a la alfabetización de adultos.

La región de **Canarias** ha sido una de las más dinámicas, y que al menos a la vista de sus propios informes, más ha avanzado en la lucha contra la exclusión digital. Tiene uno de los más primeros planes estratégicos, el "Plan Canarias Digital 2000-2006", que incluye siete programas multisectoriales, entre ellos uno dedicado a la dotación de infraestructuras. El programa "Conecta Canarias" ofrece subsidios y descuentos a las familias para la adquisición de ordenadores y la conexión a Internet. Entre los diversos programas de alfabetización digital hay que citar específicamente las "Aulas Mentor", orientadas específicamente a la formación a distancia de adultos. Por otro lado, se han desarrollado nuevos servicios telemáticos que inciden directamente en la calidad de vida de los ancianos, como el Servicio de Cita Previa a través de Internet, que evita desplazamientos a los centros médicos.

En **Cantabria** existe un "Plan Estratégico para la Sociedad de la Información 2002-2006", en cuyo marco se ha desarrollado el programa "Infomóvil", un aula itinerante. En el marco del "Plan de Acción para la Inclusión Social 2002-2004" se han desarrollado diversos programas específicos orientados a favorecer la integración de los ancianos en las nuevas tecnologías.

En **Castilla-La Mancha** se ha llegado relativamente tarde, en relación con la generalidad de las regiones españolas, a la sociedad telemática. Todavía en 2003 se estaba planteando un borrador de "Plan Estratégico de Telecomunicaciones y de la Sociedad de la Información 2003-2007", pero los planteamientos de dicho plan parecen ser bastante ambiciosos. Mientras tanto, se han desarrollado los proyectos "Inici@te", dedicado a la alfabetización digital, aunque no específicamente orientado a los ancianos, y "Conéct@te", por el que se financia a los ciudadanos la adquisición de un ordenador con conexión a Internet.

En **Castilla y León** también ha sido en 2003 cuando se ha planteado una "Estrategia Regional para la Sociedad de la Información 2003-2006", si bien con anterioridad a dicho plan la región ha realizado una fuerte inversión en infraestructuras de telecomunicaciones, y muy especialmente en la extensión de la red de banda ancha a través de fibra óptica, facilitando así el acceso a Internet. Otro programa interesante, que indirectamente beneficia a los ancianos, es la red de telecentros "Próxim@", que facilita las actividades de alfabetización y el acceso a las NTIC en el medio rural.

La región de **Cataluña** no ha sido pionera en introducirse en la Sociedad Telemática, pues como hemos visto Extremadura se adelantó a la región más desarrollada de España en la voluntad de desarrollar un plan estratégico. Pero no obstante en 1999 ya tenía en marcha un "Plan

Estratégico Cataluña en Red 1999-2003", en cuyo marco se apostó fuerte por la Universidad y la Investigación. Y tampoco ha desarrollado programas específicos de lucha contra la exclusión digital, o de alfabetización digital de ancianos. Sin embargo, su inserción en la Sociedad Telemática ha sido la más efectiva, después de la región de Madrid, debido al poder adquisitivo de su población, por un lado, y a la dotación de redes infraestructurales en que se ha embarcado el gobierno regional. Casi el 31% de la población tenía acceso a Internet a finales de 2003, porcentaje tan sólo superado por el 35,2% de Madrid.

En la **Comunidad Valenciana** no hemos detectado la existencia de un plan estratégico, aunque desde finales de los años '90 existen diversos programas sobre la materia, articulados por la Fundación Oficina Valenciana para la Sociedad de la Información. Entre ellos destaca, en el ámbito de este trabajo, el programa "Infosenior", que persigue extender las infraestructuras y la estrategia del programa "Infoville" (proyecto de creación de pueblos digitales) a los ancianos.

En **Extremadura** se iniciaba en 1997 el diseño del programa "Infodex", presentado como un proyecto global de la Sociedad de la Información, aunque no tiene una programación concreta en el tiempo, ni unos objetivos muy específicos, que se intentaron concretar después en el "Plan Director Estratégico para el Desarrollo de la Sociedad de la Información". Aunque el gobierno regional ha adquirido desde tempranas fechas un compromiso explícito con la Sociedad Telemática, las acciones desarrolladas no terminan de sacar a la región de las últimas posiciones, habiendo descendido hasta el último puesto en el ranking regional de inserción en la Sociedad de la Información.

En 1997, antes del programa Infodex, el porcentaje de población con acceso a internet era en Extremadura superior al de Andalucía, Cantabria y Galicia, e igual al de Castilla-La Mancha y Murcia. En 2003 tan sólo Castilla-La Mancha, que como hemos visto se ha retrasado mucho en la definición de un Plan Estratégico, está por detrás de Extremadura.

No obstante, la región ha sido pionera en una serie de programas de alfabetización digital o tecnológica, en colaboración con la Federación Regional de Universidades Populares, mediante la creación de una red de telecentros, denominados "Centros del Conocimiento", de acceso público, en las zonas rurales y en los barrios humildes de las ciudades, a los que luego nos referiremos con mayor detalle. Por otra parte, también en Extremadura funcionan las "Aulas Mentor", orientadas como en Canarias a la tutoría telemática para adultos.

En **Galicia** el "Plan Estratégico de Desarrollo Económico de Galicia 2000-2006" incluye entre sus objetivos el acceso a las redes de información y la introducción de las NTIC, pero no existe un programa específico orientado a la Sociedad de la Información. También aquí encontramos un proyecto de "Aulas Mentor" para la formación telemática de adultos.

En **La Rioja** se ha hecho una de las apuestas más intensas del país, en términos relativos al tamaño reducido (geográfico y demográfico) de la región. En el año 2000 se puso en marcha el

"Plan Estratégico para Sociedad del Conocimiento", que atiende tanto a aspectos sociales como tecnológicos, administrativos e infraestructurales, al que siguió un Plan Director que se concreta en una serie de acciones, de entre las que destacaremos el programa "Conlared", dentro del cual se ha implantado una red de "cibertecas" como espacios de ocio y aprendizaje, con programas específicos dirigidos a la alfabetización digital de diversos colectivos, incluidos los ancianos. La extensión de infraestructuras a todos los municipios rurales y la dotación con telecentros de libre acceso facilitan a su vez la integración de los mayores. Así como las "Aulas Mentor", también presentes en La Rioja. Finalmente, el "I Plan Integral de Personas Mayores 2002-2005" contempla diversas acciones estratégicas orientadas a la inserción de los ancianos en la sociedad telemática, como medio para la mejora de su calidad de vida.

En la región de **Madrid** no encontramos un plan estratégico sobre la materia, ni políticas específicas dirigidas a mayores. No obstante, hay que citar la dotación de 228 centros de acceso gratuito.

En **Murcia** se inició en 2001 un Plan Estratégico orientado a la mejora de las infraestructuras y Servicios de Telecomunicaciones, y al año siguiente se puso en marcha el "Plan para el Desarrollo de la Sociedad de la Información Región de Murcia SI, 2002-2004". Entre las iniciativas incluidas en el plan está la de "Internet en casa", con subvenciones directas a los ciudadanos la compra de equipos informáticos y los cursos de alfabetización digital; el "Aula Móvil", que desarrolla acciones de difusión y alfabetización digital;

el programa de ayudas a los colectivos desfavorecidos con riesgo de exclusión digital; y el programa "Internet rural", que intenta llevar la conexión en banda ancha a los municipios rurales. No hemos encontrado sin embargo programas específicos de alfabetización digital de ancianos.

En **Navarra** se diseñó en el año 2000 un "Programa Regional de Acciones Innovadoras en la Sociedad de la Información", esencialmente dirigido al mundo productivo, y en el año 2001 un "Plan de Promoción de la Sociedad de la Información Navarra SI". No hemos encontrado acciones específicas orientadas a la lucha contra la fractura digital, ni de alfabetización digital de mayores; aunque el Instituto Navarro de la Mujer sí ha desarrollado acciones dirigidas a facilitar el acceso a las mujeres, especialmente del mundo rural.

Finalmente, en la región del **País Vasco** se presentaba en el año 2001 el "Plan Euskadi en la SI",

con un horizonte final de cuatro años, que incluye programas específicos de lucha contra la fractura digital. Así, el programa "Konekta Zaitec" subvenciona a los ciudadanos la adquisición de ordenadores y el acceso a Internet. Y el "Programa de Acceso a Internet y Movilidad con Wi-Fi" plantea el despliegue de redes inalámbricas con tecnología wi-fi en lugares públicos para facilitar el acceso. Pero no hemos encontrado programas específicos orientados a los mayores.

El gráfico sintetiza los datos expuestos, atendiendo a tres variables: la existencia de un Plan Estratégico de inserción en la Sociedad de la Información; la existencia de programas específicos de lucha contra la fractura digital; y la existencia de programas específicos de alfabetización digital de mayores.

Análisis del caso de Extremadura

Según la encuesta a hogares, de ámbito regional, realizada por el Grupo de Investigación en Estudios Sociales y Territoriales de la Universidad de Extremadura, un 6,7% de personas mayores de 55 años declaran ser usuarios activos de Internet.

Sin embargo, también se aprecian enormes diferencias en cuanto al acceso en base al género: mientras que para los hombres, la tasa de conectados es de un 12%, en las mujeres es de un insignificante 2%. Naturalmente, y como podemos observar en la siguiente tabla, a medida que se incrementa la edad, decrece la tasa de conexión a la red.

Usuarios de Internet en Extremadura

	55 a 59	60 a 64	65 y +	Total 55 y+
Hombres	21,2%	25,7%	4%	12,3%
Mujeres	6,7%	0	0,7%	2,2%
Total	13,5%	10,3%	2,2%	6,7%

El proceso de inserción tecnológica de los ancianos extremeños se viene realizando mediante programas de alfabetización tecnológica para la ocupación del tiempo de ocio mediante un uso directo de Internet en lugares específicos como son los Hogares de Mayores, o en centros creados para tal fin, como los llamados Nuevos Centros de Conocimiento (NCC), promovidos por la Junta de Extremadura (gobierno regional) y gestionados por la Federación Regional de Universidades Populares, institución privada sin ánimo de lucro financiada por los Ayuntamientos y por la propia Junta de Extremadura.

Esta acción se ve complementada con convenios con la Fundación La Caixa (perteneciente a la institución financiera La Caixa) para el desarrollo de proyectos relacionados con las nuevas tecnologías y los ancianos, específicamente.

Pasamos a caracterizar brevemente ambas iniciativas.

Iniciativa privada: Fundación La Caixa

El convenio con la Consejería de Bienestar Social de la Junta de Extremadura surge en 1997, debiendo destacar el beneficio fiscal que este tipo de convenios ofrece a la entidad bancaria asociada a esta fundación, La Caixa. El parlamento regional de Extremadura aprobó en su día una Ley según la cual las instituciones financieras que no tengan sede en la región deben pagar un impuesto por los depósitos captados; pero las inversiones en sectores desfavorecidos de la región permiten evitar dicho impuesto.

La Fundación La Caixa lleva a cabo su programa con personas mayores, destacando el equipamiento informático de las "Ciberaulas" instaladas en 14 Hogares de Mayores (centros de día) en la región, tanto en zonas rurales como urbanas, así como la impartición de clases de informática (en los niveles de iniciación, Internet y Voluntarios Básicos).

Para llevar a cabo el objetivo de alfabetización tecnológica de los ancianos, estos programas descansan en tres ejes básicos. Por un lado las propias "Ciberaulas", en las que se combinan los cursos de introducción a la informática (uso de CD-Rom, procesador de textos, contabilidad doméstica, hojas de cálculo, diseño de boletines, anuncios, carteles, etc.) con el acceso gratuito a Internet. El segundo eje básico lo conforma la creación de las "Mediatecas", espacios físicos que redefinen el concepto de biblioteca adaptado a las NTIC, y en las cuales pueden encontrar libros, diarios y revista, videos, y materiales en nuevos soportes informáticos, junto con ordenadores multimedia que facilitan la consulta. Estas Mediatecas están ubicadas en las localidades de Almendralejo y Navalmoral de la Mata. Y el tercer pilar fundamental lo forma el espacio de Internet para mayores, la web "Club Estrella", en la que los ancianos pueden conocer y comunicarse con otras personas, intercambiar experiencias y conocimientos con otros usuarios, participar en debates y encuestas, comprar vender e intercambiar productos, informarse sobre novedades y noticias, o conocer las posibilidades de formación a las que pueden tener acceso.

La formación impartida se estructura en tres niveles: Iniciación (manejo del ordenador y procesadores de texto, scanner, etc.), Internet y Voluntarios Básicos (en el que ancianos alfabetizados se ocupan del proceso de alfabetización en otros compañeros). Este apartado será abarcado en profundidad en el siguiente punto, al ser esta iniciativa parte de nuestro análisis de caso.

Iniciativa Pública: Nuevos Centros de Conocimiento

En cuanto a las acciones propias de la Junta de Extremadura, y dentro de su Plan de Alfabetización Tecnológica, el gobierno regional creó los denominados "Nuevos Centros de Conocimiento" (NCC), que se conciben como espacios públicos conectados en red, ubicados en centros culturales y sociales de la región, con equipamiento informático, y dotados con personal dinamizador especializado, para facilitar el acceso de los adultos a las NTIC. Actualmente, existen 34 distribuidos por toda la geografía regional, de los cuáles diez se localizan en barrios humildes de las grandes ciudades de Badajoz, Cáceres y Mérida, denominados en estos casos "Integra-Red". Debemos citar también, que la ausencia de NCC específicos en una localidad queda paliada con el desplazamiento de "Centros Itinerantes" a las mismas.

Debido a su carácter general, esto es abiertos

a todo tipo de público, atendiendo a las características socioeconómicas de la ciudad o pueblo en la que se instalen los NCC se desarrollan programas de alfabetización tecnológica para distintos colectivos. Y en este sentido encontramos actividades específicas para el colectivo de ancianos en Badajoz, Miajadas, Mérida, Villagonzalo, Don Benito y Cáceres. En la web de los NCC, www.nccextremadura.org , podemos encontrar la *"zona La pic@ta",* dirigida específicamente al colectivo de ancianos.

Las actividades realizadas en los NCC se pueden estructurar de la siguiente forma:

Actividades de Difusión

Tienen como objetivos la difusión del Plan de Alfabetización Tecnológica entre el colectivo de mayores; desarrollar un espacio de encuentro social-virtual entre los mayores, con el fin de intercambiar experiencias entre ellos; la creación de una red de colaboración entre los distintos hogares de mayores de Extremadura; e introducir al sector de mayores en el conocimiento de la realidad de la región extremeña por medio de las nuevas tecnologías. Otro objetivo primordial es el fomento de relaciones intergeneracionales mediante actividades conjuntas con Colegios Públicos, así como a la difusión de las potencialidades de las tecnologías aplicadas a la salud, y específicamente, la teleasistencia domiciliaria. Estas actividades se han realizado mediante Talleres de Ocio y Tiempo Libre, videoconferencias entre Hogares de Mayores, Ferias de Mayores y Jornadas específicas. En otro orden cosas, este tipo de actividades van encaminadas a la difusión de la cultura local y de las potencialidades de los ancianos mediante la ceración de páginas personales propias.

Actividades de Formación

Este conjunto de actividades van dirigidas, específicamente, a la formación de los mayores en el uso de las NTIC. Se tratan de actividades desempeñadas por módulos de formación iniciadas en enero del 2003, observándose altos niveles de participación tanto entre hombres como mujeres. Estos módulos de formación, adecuados a necesidades y preferencias de los ancianos, han versado sobre las siguientes materias:

- Procesador de Texto
- Aprendizaje y manejo de Scanner
- Navegación por Internet. Uso de buscadores.
- Creación y manejo de correo electrónico.
- Mensajería instantánea

Actividades de Ocio específicas

Confección de álbumes fotográficos o el uso de las NTIC para exposiciones de trabajos en madera, textiles, pintura, recetas de cocina, etc.

Los niveles de participación y de resultados en este tipo de iniciativas han sido relativamente elevados. En el año 2003 se registraron como usuarios nuevos de los NCC un total de 1.400 jubilados, que participaron en actividades programadas en cuanto a uso y manejo del ordenador, y navegación por Internet.

Análisis de grupos de ancianos

En este apartado nos centraremos en el análisis de casos de un grupo de ancianos rurales que acuden al programa de alfabetización de iniciativa privada de la Fundación La Caixa; y por otro lado, en base a un grupo de discusión establecido con ancianos que participan en las actividades de alfabetización de iniciativa pública en los Nuevos Centros de Conocimiento.

El grupo alfabetizado tecnológicamente desde la iniciativa privada, esto es, que acuden a las actividades de alfabetización de la Fundación la Caixa y en su propio Hogar de Mayores, lo conforman 13 ancianos, de los cuales 5 son hombres y 8 mujeres. Estas personas son socias del Hogar de Mayores de Olivenza, centro donde se imparten estos cursos de alfabetización. En este Hogar se dan los tres niveles de alfabetización: Iniciación, Internet y Voluntarios Básicos, y cada nivel es superador del anterior, de esta manera se entiende que los ancianos que acuden al curso de voluntarios básicos ya han participado en los dos anteriores.

En un primer momento, y a la hora de calibrar nuestro cuestionario, se presenta el mismo a dos alumnos del último curso. Este cuestionario estructurado a priori, intentaba proporcionar un modelo de análisis entre calidad de vida y uso de las nuevas tecnologías, a fin de contrastar la existencia o no de diferencias en relación a la calidad de vida de los ancianos que acuden a estos programas de alfabetización tecnológica de ambas iniciativas, con aquellos ancianos que no acuden a este tipo de iniciativas, mediante la comparación de actividades relacionadas con las herramientas telemáticas con aquella otras actividades realizadas por el anciano y en relación a niveles de satisfacción y mejora subjetiva de la calidad de vida.

La existencia de diferencias en cuanto a niveles de calidad de vida subjetiva nos induciría a establecer una necesidad real de incorporar a los ancianos en el uso de las NTIC. La no existencia de diferencias, por otro lado, nos permitiría afirmar que la alfabetización tecnológica en los ancianos sigue el mismo curso interpretativo que cualquier otra actividad ligada al ocio y la ocupación del tiempo libre, es decir, que no se diferenciaría de otro tipo de actividad realizada por el anciano a la hora de estimar la satisfacción vital.

Los resultados de esta prueba demostraron, en el caso de este grupo concreto y sin poder extender esta interpretación al conjunto de los ancianos que se alfabetizan a través de la Caixa, que la alfabetización efectiva y real estaba lejos de conseguirse ya que muchas de las herramientas y utilidades del ordenador y de Internet eran desconocidas por este grupo, a pesar de estar en último curso de alfabetización. De esta manera, tuvimos que adaptar el cuestionario a la evaluación de los conocimientos adquiridos por los alumnos, y excluir las preguntas relacionadas con calidad de vida y uso de las NTIC. En cualquier caso, la información extraída debe servir sólo como punto de arranque en nuestra investigación, y sólo como tal deben ser consideradas.

Nivel de satisfacción en la participación de actividades de alfabetización tecnológica y otras actividades. Partimos de la tipología de actividades utilizada por Riquelme (1997) en cuanto a dedicación a actividades de ocio y nivel de satisfacción aportado, a la que hemos unido la actividad de "Utilizar un ordenador o Internet", y otras actividades que no están consideradas en esta tipología. Pedimos a los alumnos que puntuasen de

1 a 10 el nivel de satisfacción reportado por las siguientes actividades, así como la frecuencia con la que las realizaban: ver la televisión; utilizar un ordenador o Internet; relaciones sociales; hacer deportes; viajar o hacer excursiones; juegos de mesa; actividades relacionadas con el arte y la cultura; animales de compañía; ir a bares o cantina; actividades manuales; imagen (ir a la peluquería, manicura...); y leer noticias en el periódico o escuchar noticias en la radio.

Podemos considerar que, en general, los mayores niveles de satisfacción reportados lo representan ver la televisión y viajar o hacer excursiones, aunque para las demás actividades se ofrecen muy altos niveles. Debemos mencionar que, aunque el uso de ordenador e Internet, en la mayoría de los casos, reporta una buena satisfacción, no es mayor que la que reportan otras actividades, no existiendo muchas diferencias entre los alumnos de los diferentes cursos, ni diferencias según conocimientos aprendidos

Para conocer el nivel de conocimientos adquiridos, preguntamos sobre el aprendizaje de determinadas prácticas derivadas de los cursos impartidos. Aunque esta adquisición depende de la asiduidad a la que habitualmente acuden a las clases, no hay diferencias sustanciales entre los conocimientos adquiridos en los tres niveles, y en general son relativamente bajas las habilidades en usos específicos del ordenador que se dan por básicos. En cuanto a navegar por Internet y uso de correo electrónico, saben navegar pero no es una actividad que realicen asiduamente. Por otra parte, aunque los Hogares de mayores están construyendo sus propias páginas web, lo que los alumnos realizan en esta actividad es la entrega de fotografías para que se cuelguen en la página; ninguno de ellos realiza directamente la página. En cuanto al uso del correo electrónico, los alumnos en general no saben utilizarlo, salvo aquellos con por tener familiares residentes fuera de su localidad se han visto particularmente animados a usarlo.

Los alumnos están todos 'muy de acuerdo' o 'de acuerdo' con que este tipo de actividades, las relacionadas con el ordenador, *"simplemente se trata de una actividad más, ni mejor ni peor que otras";* por lo que podemos considerar a priori, y teniendo en cuenta que estos alumnos no están alfabetizados plenamente, que esta actividad incide en su satisfacción vital no mucho más que cualquiera de las elegidas en el apartado uno. Debiendo demostrar, por tanto, la existencia efectiva de una lógica que relacione posibles aumentos en la calidad de vida de las personas con el uso de herramientas telemáticas.

Por otra parte, es destacable que todos los entrevistados están 'muy de acuerdo' o 'de acuerdo' con el hecho de que *"usar bien un ordenador o Internet depende de la edad que tengas"* y con el hecho de *que "si no tengo ordenador en casa, todo lo que he aprendido no sirve de nada".* Debemos mencionar en este apartado que cada curso se ofrece dos horas a la semana, lo que puede impedir la adquisición de conocimientos. Pero también debemos señalar que el aula permanece abierta a todos aquellos que quieran utilizar el ordenador cualquier otro día, pero sin la presencia y la ayuda del monitor de la Fundación.

En otro orden de cosas, el mismo grado de acuerdo lo mantienen al afirmar que *"no he aprendido lo que yo esperaba aprender"*; algunos no han utilizado Internet, aunque sí la mayoría de ellos, y por tanto hacemos eco de lo que todos creen saber de las utilidades y beneficios de Internet.

La mayoría están de acuerdo o muy de acuerdo con que *"Internet hace que las personas participen activamente en sus comunidades"*, y esto lo piensan tanto los que usan Internet como los que no. Los motivos pueden ser variados, teniendo que profundizar más en ellos, pero podemos mencionar que realizar esta actividad les hace "participar" en su comunidad, pero no en mayor medida que otras que supongan contacto social en el hogar de mayores. La misma opinión les merece que *"con Internet podemos dar a conocer experiencias y conocimientos a otras personas"*. Esta opción puede ser atribuida, a falta de páginas personales entre los alumnos, a la experiencia de construcción de la página del Hogar de Mayores, aun cuando su participación en ella haya sido indirecta. Igual opinión despierta la afirmación de que *"Internet ayuda a las personas a mantenerse más activos"*. El paso siguiente en la investigación deberá constatar si hay diferencias entre Internet y otro tipo de actividad en cuanto al mantenimiento de una posición activa del anciano.

En lo que ya no están tan de acuerdo es en la evaluación y valoración de la información ofrecida por Internet. Al fijarnos en aquellas respuestas de los que sí han navegado por Internet y los que no, pero saben qué es Internet, podemos afirmar que todos están o "muy de acuerdo" o "de acuerdo" con el hecho de que Internet ofrezca mejor información que otros medios de comunicación, por un lado; que ofrezca más información que otros medios, por otro; y que se acceda más rápidamente a información, en última instancia. Sin embargo, los que no saben o no utilizan Internet, reconocen no saber si esto es verdad o están en desacuerdo en la mayoría de los casos. Por lo que las utilidades conocidas de Internet deben ser enseñadas en los planes de alfabetización, conocer qué ventajas reporta, incidir en el manejo de Internet desde el principio y profundizar en él.

En general estos ancianos están interesados en mantenerse informados sobre cierto tipo de información, como la referida a política, economía, pensiones (aunque no mucho más que otros temas), hobbies, etc. Y en cuanto a mejora de indicadores para alcanzar mejores niveles de calidad de vida, todos coinciden en *"mantenerse activos"*, *"mantenerse informado"* y mejorar sus *"relaciones familiares"* serían aquellos puntos en los que incidiría para ello, aunque sitúan su calidad de vida subjetiva y nivel de salud en una posición "buena".

Destaca el mismo nivel de acuerdo en afirmar que al envejecer han perdido influencia en la toma de decisiones familiares, que han reducido sus actividades diarias y contactos sociales, pero que, por el contrario, no están de acuerdo con que *"al envejecer me he sentido más liberado de obligaciones sociales anteriores y esto me ha beneficiado"*. Además destacamos que se trata de un grupo con características socioeconómicas muy diferentes en cuanto a nivel de estudios y nivel de ingresos, que sin embargo muestran una clara homogeneidad en cuanto al tipo de respuestas dadas a las cuestiones sobre alfabetización.

Nuestro otro grupo, aquellos ancianos que han sido alfabetizados mediante cursos formativos en los Nuevos Centros de Conocimiento, a diferencia del anterior, denota un mayor acercamiento a Internet, y una mejor predisposición a exponer las ventajas que el acceso a Internet ofrece a las personas mayores, sobre todo el uso del correo electrónico.

En este grupo han participado seis ancianos que provienen de diversas localidades extremeñas, todas ellas con un NCC. Con la misma intención que en el grupo anterior, y debido a que los cursos formativos no se encuentran estructurados en niveles, el grupo fue seleccionado por los propios formadores de los cursos atendiendo al alto nivel de conocimientos adquiridos, y a diferencia de nuestro grupo de ancianos provenientes de la iniciativa privada, este grupo se caracterizó, en un primer momento, por su mayor asiduidad a los cursos (al menos utilizan el ordenador tres veces a la semana como mínimo), por su alto interés, y por una mayor actitud positiva hacia las nuevas tecnologías, sobre todo, en relación al correo electrónico, del que todos hacían uso para comunicarse con familiares y amigos. Otra característica principal, y a diferencia con el otro grupo, fue la existencia de páginas personales de tres de estos ancianos, y no de páginas grupales como en el caso de la iniciativa de la Fundación La Caixa. Además, el uso que hacían de las herramientas tecnológicas era más completo atendiendo a los propios hobbies de cada uno de ellos.

Señalamos, a priori, la adecuación que cada uno de estos participantes hacía de estas herramientas telemáticas en función a sus propias inquietudes, experiencias y capacidades. De esta manera, y como ejemplo anecdótico, Internet y el acceso a la información era importante, pero en mayor medida el uso de procesadores de texto y el correo electrónico, de ahí que algunos participantes utilizaran el procesador de textos para afinar y mejorar uno de sus hobbies principales: escribir. Es el caso de Carmen, una mujer de 73 años, cuyos libros de poesía estaban colgados en su propia página web (http://es.geocites.com/carmen_libros), y cuyo otro hobby, las labores textiles, las mantiene accesibles en otra página (http://es.geocites.com/laborcarmen); al mismo tiempo que, aprovechando su trabajo anterior como telefonista en una gran compañía, nos relata las diferencias existentes entre las tecnologías de la comunicación de antaño con las de la sociedad actual. O el caso de Ceferino, un hombre de 82 años en cuya página personal podemos encontrar su propia experiencia de alfabetización tecnológica y sus libros sobre informática

(http://www.geocities.com/ceferinojimenez/).

En cuanto a los motivos para utilizar el ordenador e Internet, el de ampliar conocimientos, escribir con procesadores de texto y el correo electrónico son los principales. La información a la que este grupo accede habitualmente es más específica que en el otro grupo. Ya conocen cómo se usa y para qué sirve Internet, incluso rudimentos del lenguaje html, y lo aplican directamente a sus propios gustos y aficiones (hobby específico, noticias y prensa, cultura, búsqueda información específica, viajes y salud). Aunque debemos señalar que están lejos aún de utilizar todas las ventajas que Internet ofrece en relación con la banca electrónica o el comercio electrónico. Los argumentos para con esta pregunta son los mismos: no se fían o les da miedo.

Conclusiones

Los primeros datos obtenidos del estudio piloto, y que por tanto deben considerarse de carácter aproximativo, no nos permiten ir más allá de la constatación del choque cultural que suponen las nuevas tecnologías para estos ancianos, y las diferencias significativas entre los grupos atendiendo al nivel de alfabetización tecnológica alcanzado. Para el grupo de ancianos que provienen de la iniciativa privada, no podemos determinar que los usos de estas nuevas herramientas e Internet estén cambiando sus vidas de manera significativa, debido a que la comprensión de estas herramientas es deficitaria en este grupo, no se han interiorizado en sus vidas, desconocen las ventajas de estas y su uso es ineficiente en comparación con el grupo proveniente de la iniciativa pública y de los NCC.

A partir de la comparación entre ambos grupos podemos extraer las siguientes conclusiones:

1.- Para nuestro primer grupo, sus niveles de satisfacción hacia las actividades relacionadas con las nuevas tecnologías no sugieren diferencias significativas con la satisfacción reportada por otras actividades. Estos ancianos estudiados expresan una enorme satisfacción, pero a la vez son/somos incapaces de definir en qué variables nos permitirían cuantificar/cualificar ese supuesto estado de bienestar. El desconocimiento

sobre las ventajas, y el bajo nivel de interiorización de estas tecnologías en sus vidas (uso ineficiente o asiduidad baja) no permiten que estos
ancianos perciban las tecnologías como parte importante de su tiempo cotidiano a diferencia del
otro grupo.

2.- El nivel de conocimientos adquiridos desde
la iniciativa privada es muy bajo, particularmente en cuanto a aprendizaje de Internet y correo electrónico, no permitiéndonos, por tanto,
analizar cambios sustanciales derivados de estas
herramientas en particular, y los beneficios que
se les atribuye, lo que impide el análisis de la supuesta mejora en niveles de calidad de vida en
estos ancianos por el uso de herramientas telemáticas. Para el otro grupo de ancianos alfabetizados, su mayor nivel de conocimientos nos permite afinar en la necesidad de adquirir estos conocimientos de forma apta, ya que posteriormente e idóneamente, cada uno de estos ancianos las ha adaptado a sus propias inquietudes y
experiencias, resultando una parte importante de
su tiempo de ocio al mejorar sus hobbies.

3.- La escasa dedicación a la materia en el primer grupo impide una comprensión y adquisición permanente de los conocimientos adquiridos
y la habitualidad en ellos que se diferencia de la
asiduidad de nuestro segundo grupo que desde
la iniciativa pública acceden a su uso en mayor
medida, aun cuando no podemos achacar si esta
mayor participación y uso deviene de los propios
conocimientos adquiridos y su interiorización,
que suponga al mismo tiempo una mayor necesidad de disponer de mayor tiempo para el uso del
ordenador.

4.- Pero destacamos, sobretodo, la existencia de una gran heterogeneidad en los ancianos estudiados, que se corresponde con la propia condición del grupo de ancianos que se alejan ya de ese concepto tradicional de grupo homogéneo. Debido a la heterogeneidad en base a las características socioeconómicas de los ancianos, participar concretamente en este tipo de actividades, no depende de la posición económica y nivel de estudios alcanzados. Dependería en última instancia de la predisposición del anciano a mantenerse activo, con esta actividad concreta relacionada con las nuevas tecnologías, y de su capacidad para relacionar estos nuevos conocimientos con otros ya preexistentes de manera que haya una interdependencia entre ambos, o que supongan un apoyo a experiencias anteriores.

En la segunda parte de la investigación, profundizaremos en estas y otras cuestiones ampliando además el campo de los ancianos alfabetizados en las experiencias citadas. Por ahora, esta alfabetización está relacionada, para nuestro primer grupo, con la mera ocupación de sus horas del ocio, pero sin profundizar en las ventajas que puede suponer el acceso a las nuevas tecnologías tal y como viene siendo mencionada en los principios básicos que guían los procesos de alfabetización, hecho que si ofrece nuestro segundo grupo de ancianos. Esto puede ser debido, por un lado, a que las ventajas incorporadas a las nuevas tecnologías existen en la medida en que este grupo, o cualquier otro, interioricen estos conocimientos, los adapten a sus propias experiencias y lo practiquen con asiduidad integrándolos en su quehacer diario.

Aun cuando la necesidad de mantenerse alfabetizado tecnológicamente pueda suponerse necesaria para ciertos colectivos ligados al mercado laboral o al mercado de consumo, sectores donde el anciano supuestamente parece no tener cabida (aun cuando el aumento de estos efectivos demográficos suponga que la sociedad se deba ocupar más de sus necesidades concretas como nicho económico potencial), el hecho es que las tecnologías pueden cumplir un papel fundamental en cuanto al alcance de mayores cotas de relaciones personales y necesidades de interrelación para este grupo. Al mismo tiempo, estas actividades relacionadas con las nuevas tecnologías son actividades también ocupacionales, orientadas al mantenimiento de la actividad mediante esta oferta tecnológica.

Finalmente, se debe poner de manifiesto la desigual calidad de la alfabetización digital cuando ésta se ofrece en programas promovidos desde instituciones privadas, respecto de la ofrecida desde los centros públicos.

Lo cual apuntala la idea de la necesidad de extender el alcance de dichos programas públicos de alfabetización de ancianos.

Bibliografía del capítulo

Baigorri, A. *Vejez y nuevas necesidades sociales en Extremadura ante el siglo XXI.* Ponencia presentada en la Escuela de Administración Pública de Extremadura. (Noviembre, 1999)

Baigorri A. *Internet, más acá de la metáfora.* Documento de Trabajo. GIESyT, Badajoz. 2001.

Gómez, R. *Las causas de muerte en España, 1981-1985.* CSIC. Documentos de trabajo. Madrid. 1990.

INSERSO. *Envejecer en España*. Documento presentado en la II Asamblea Mundial sobre envejecimiento, (Abril, 2002) Madrid

López A. y otros: *Informe Mensual sobre penetración de la nueva economía* nº 10. Centro de predicción Económica. UAM. (Marzo, 2003). Madrid.

Pavón F. y Castellanos A.: *El aprendizaje de las Personas Mayores ante los retos del nuevo milenio*. Dykinson. Madrid, pp. 197-236

Taqi, Ali. *Tercera Edad, trabajo e iguales oportunidades*. Revista Internacional de Seguridad Social. Volumen 55. 2002.

Referencias digitales

International Society for Gerontechnology : www.gerontechnologie.nl /gerontec1.htm

Portal de mayores. Fundación La Caixa: www.clubestrella.es

Plan de Atención para personas mayores de Extremadura: www.juntaex.es/consejerias/bs/mayores/uindexg.htm

Nuevos Centros de Conocimiento de Extremadura: www.nccextremadura.org

Hacia la universidad virtual

Publicado en la revista *Puertas a la lectura*, Núm. 12/13, 2001, pp. 14-18

A lo largo del siglo XX se han producido tres grandes revoluciones tecnológicas que, además de otros ámbitos productivos, han transformado profundamente la producción y transmisión del conocimiento, y en consecuencia la enseñanza superior:

\# La de las tecnologías ópticas, que ha generado no sólo los retroproyectores, sino también las fotocopiadoras y las bases documentales microfilmadas, y que han permitido introducir los primeros recursos multimedia en el aula, a través del video.

\# La de la informática, mucho más profunda y definitiva, que ha afectado absolutamente a todos los pasos del proceso productivo tanto en la investigación como en la enseñanza.

\# La de las telecomunicaciones, que definitivamente, a través de su principal recurso visible, Internet, ha hecho realidad el sueño macluhaniano del aula sin muros, llevándolo más allá, hasta el aula virtual.

Hace casi cuatro décadas que Marshall McLuhan anticipó el fracaso de la enseñanza contemporánea, basada en el libro, cuando los nuevos medios posibilitaban ya la vuelta a una forma de aprendizaje más basada en el hacer.

Iván Illich, en La sociedad desescolarizada, proponía hace tres décadas que la educación podría organizarse fácilmente, en términos de libertad y autonomía, en base a lo que denominaba redes de aprendizaje, de las que proponía cuatro.

Hoy, todo aquello que parecían ensoñaciones utópicas y *boutades* son una realidad. Basta encender un ordenador conectado a Internet, y como por arte de magia nos aparecen las tramas de aprendizaje de las que hablaba Illich: portales y listas de correos especializados; tablones electrónicos de anuncios de búsqueda de partenaires para la realización de aprendizajes e investigaciones... Todo ello a una escala que aquellos teóricos no podían imaginar.

La investigación y la enseñanza superior se han hecho particularmente dependientes de los sistemas globales de transporte y comunicaciones, contribuyendo cada unidad a lo que John Urry denomina el stock global de información, que no es sino la encarnación de la metáfora construida a mediados de siglo por el físico y teólogo Pierre Teilhard de Chardin; para quien la inteligencia humana, como globalidad, forma una red que se superpone a la superficie del planeta constituyendo lo que llamó la noosfera.

Así la cultura, como ha puesto de manifiesto Michael Gibbons, uno de los principales expertos mundiales en educación superior, ha pasado de ser el producto exclusivo del trabajo de individuos aislados, dentro de disciplinas particulares, y en un estado-nación determinado, a ser un producto multi-autor, multidisciplinario, multinacional y multi-institucional.

En realidad, lo que todo esto pone de manifiesto es que la globalización es un proceso que va mucho más allá de la internacionalización de los capitales, y que alcanza también al conocimiento, incidiendo, lógicamente, en la forma en que éste se produce, se acumula y se distribuye; la globalización es también, por tanto, como ha expresado el profesor de la Universidad de Chicago, Arjun Appadurai, una nueva arquitectura para producir y compartir conocimientos que crea nuevas formas de diálogo entre académicos, intelectuales, empresarios, activistas y responsables políticos.

La producción del saber	
Modo tradicional	**Modo moderno**
Mono o multidisciplinario	Transdisciplinario
Modelos jerárquicos, homogéneos y estables de organización para la producción científica	Modelos no jerárquicos, heterogéneos y a menudo transitorios de organización
Producción restringida a la Universidad	Interacciones activas entre científicos profesionalizados y profesionales-no-académicos
Rendimiento de cuentas exclusivamente ante grupos de iguales (*peer-review*)	Rendición de cuentas ante la sociedad, más reflexiva y la gama de criterios de control de la calidad
El descubrimiento precede a la aplicación	Se desdibuja la separación entre descubrimiento y aplicación
La distribución del saber se circunscribe a los grupos de iguales, y se degrada si se expande	La distribución se expande democráticamente sin merma de la calidad

Una arquitectura del conocimiento que se opone radicalmente al modo tradicional. Estos procesos vienen afectando, lógicamente, a la propia concepción de la enseñanza superior, donde observamos cómo, también en este caso, se enfrentan un modelo tradicional y un modelo moderno y tecnológicamente avanzado.

La transmisión del saber a través de la enseñanza superior	
Modelos tradicionales	**Modelos modernos**
Métodos **pasivos**	Métodos activos
Centrados en el profesor, con mínima participación del alumno	Más centrados en el alumno, con menos protagonismo del profesor
Predomina la explicación	Predomina el estudio independiente
Predomina la acción informativa/instructiva	Predomina la acción educativa/formativa
Entiende el aprendizaje como mera adición de conocimientos	Entiende el aprendizaje como una capacitación para el *hacer*
El objetivo es *enseñar*	El objetivo es *aprender*.

Los nuevos medios, esto es las Nuevas Tecnologías de la Información (NTI), como expresión unificada de las tres revoluciones citadas, son una realidad de la que no podemos, aunque quisiéramos, escapar, que están modificando en profundidad desde la forma en que se organiza la enseñanza superior y la expresión de las instituciones que la encarnan, hasta la forma en que los profesores enseñamos.

Una de las formas más habituales en la Universidad de esconder la cabeza frente a ese vendaval, y aguantar un poco más con los viejos hábitos, es asimilar las NTI a lo que ya se denominan campus virtuales. Como su desarrollo ha de basarse en un capitalismo global de la educación que no termina de consolidarse, porque precisa infraestructuras de calidad y una población tecnológicamente alfabetizada, la conclusión que, a modo de *filosofae consolatio*, adoptan muchos profesores podría expresarse así: *"Bueno, todo esto está ahí, pero tardará, y quizás ni lo veamos"*.

Sin embargo, no sólo está ahí, sino que además se extiende no como la espuma, sino como las formaciones cristalinas: de forma fractal, o lo que es lo mismo exponencialmente, y en red. En 1999, la Jones Internacional University, en Denver (Colorado), se ha convertido en la primera universidad totalmente virtual acreditada en los Estados Unidos; pero en el año 2000 han surgido en aquel país más de 350 universidades de variada categoría que ofrecen estudios on-line de licenciatura, postgrado o doctorado, incluidas aquellas que más resistencia parecían ofrecer amparadas en sacrosantas tradiciones como las de Columbia, Harvard o Stanford. La Asociación de Enseñanza Mundial On Line que ofrece, además de una base de datos sobre centros, cursos y carreras, asesoramiento sobre la materia, ha estimado que el negocio de la educación a distancia está moviendo actualmente 6.000 millones de dólares al año, que Internet va a multiplicar y redistribuir. Específicamente la enseñanza virtual puede generar una demanda, a sólo dos años vista, de 10.000 millones de dólares entre software y servicios de enseñanza. Para el año próximo (2.002) se ha estimado que la práctica totalidad de los centros de educación superior que se precien, en los países desarrollados, ofrecerán algún tipo de curso a distancia utilizando las NTIC.

Por supuesto que, en nuestro tradicional aislacionismo, parece que en España estuviésemos a salvo de esa avalancha. Los ajustes presupuestarios de los últimos gobiernos han tenido dos efectos incontestables, cuyas consecuencias pagaremos (no sólo en términos figurados, pues a medio plazo lo sentiremos en la fiscalidad) durante mucho tiempo.

En primer lugar han impedido que nuestro país se incorpore a la Sociedad Telemática con la intensidad que le correspondería a la onceava potencia industrial del mundo, como consecuencia de la falta de inversiones en infraestructuras telemáticas; de forma que los índices de desarrollo de la Sociedad de la Información nos sitúan en la posición 24 en el ranking mundial, por detrás de países como Corea del Sur, Singapur, Nueva Zelanda. Taiwan o Irlanda, y con Portugal y Grecia pisándonos los talones.

Y en segundo lugar han dejado el sistema público de Educación, y específicamente a las universidades, en una situación de descapitalización, cuando no famélicas. Pues, efectivamente, la falta de las inversiones necesarias es, hoy por hoy, el principal freno para el desarrollo de la universidad virtual en España. Mientras los Estados Unidos desarrollan (con el pleno apoyo inversor de la Administración Pública) la Internet 3, en España nos las vemos y nos las deseamos para navegar dignamente por la Internet más primitiva.

Pese a todo, algunas ya se están adentrando en la virtualidad. Bien adelantándose al mercado para ocupar posiciones privilegiadas de salida (como la Universidad de Deusto o la UOC), o bien acuciadas por la propia supervivencia, como ocurre en el caso de la UNED, que por falta de inversiones ministeriales ha perdido un tiempo precioso pero que por fin ha empezado a ofrecer cursos auténticamente virtuales.

¿Por qué un tiempo precioso?. Pues sencillamente porque, en un breve plazo de tiempo, los usuarios de la red de los países desarrollados van a empezar a descubrir que les resulta más barato, y les genera mayor valor añadido, el estudiar una carrera a distancia en una buena universidad norteamericana, que estudiar una carrera, presencial o a distancia, en una universidad española masificada y carente de recursos esenciales.

Por tanto, los analfabetos tecnológicos que sobreviven cómodamente en nuestras universidades disponen todavía de un periodo de carencia que tal vez, con un poco de suerte, les permita en algunos casos llegar indemnes a la jubilación. Pero ese periodo cada vez se pronostica más corto: no ya de año en año, sino de mes en mes, los pronósticos acortan el periodo de carencia, por razones bien simples. Y es que la alfabetización tecnológica se está produciendo ya en las escuelas e institutos (aunque mucho más lentamente de lo que la velocidad del cambio demanda), y sobre todo en las familias. De forma que las nuevas promociones de estudiantes que en los próximos dos o tres años lleguen a la Universidad van a venir demandando las promesas tecnológicas que se les vienen anunciando.

Si se les ofrecen, nuestras Universidades tendrán además la oportunidad de proyectar su magisterio a otras zonas del globo; no sólo de Latinoamérica, donde la demanda de formación de tipo europeo es altísima, sino también de otras regiones en las que también existe una demanda potencial. Pero, si no se les ofrecen esos recursos, nuestros estudiantes empezarán a matricularse masivamente en las universidades virtuales norteamericanas.

Por tanto, más allá del debate sobre las ventajas y desventajas de la formación en red (no es este el momento ni el lugar para tratarlas en profundidad), es evidente que la revolución de las NTIC no afecta a la Universidad únicamente en lo que se refiere a su posible virtualización, que probablemente nunca llegará a producirse por completo. Sino que afecta también, y con mayor urgencia, a la forma de estructurar la educación presencial, al disponer de nuevos recursos tanto para los profesores como para unos alumnos socializados en los valores de la Sociedad Telemática. Recursos que no se limitan, como algunos incautos todavía creen, al uso de ordenadores para acelerar los cálculos numéricos, procesar encuestas, escribir libros, pasar a limpio los apuntes, o para preparar la presentación de tesis doctorales o proyectos docentes. Pues no estamos hablando de la informática, que es sólo uno de los componentes de las NTIC, sino de éstas en su conjunto. Y de su aplicación no únicamente a la producción científica sino a su propia transmisión mediante la docencia.

Si en los años '70, incluso todavía en los '80 (a pesar de haberse generalizado ya los retroproyectores) podía admitirse el tono de veneración con que los pedagogos hablaban de la pizarra, llegando a considerar que la metodología del encerado en una de las técnicas que más y mejor definen al buen docente, hoy sólo podemos sentir ternura por el empeño que mantienen algunos por hacer de la pizarra su principal cuando no único recurso didáctico.

La pizarra es, además de sucia, un auténtico tormento para los alumnos, que deben interpretar más que leer los garabatos que algunos profesores trazan en ella precipitadamente. Sin contar con que, irremediablemente, siempre hay sectores que no pueden verla bien por los reflejos, porque una pizarra sin reflejos, como una jarra que no vierta el agua, parece ser un imposible tecnológico a estas alturas de la civilización. La única ventaja que podemos encontrarle es la de que permite introducir pequeños descansos, mientras el profesor rellena con una letra cada vez más pequeña e ilegible hasta el último rincón del encerado.

Sin embargo, la utilización de las NTI en las aulas es sólo la punta del iceberg que se nos viene encima; únicamente una ampliación de la utilización, que muchos profesores ya hacemos desde hace años, de los medios audiovisuales disponibles. El auténtico impacto de las NTI se va a notar en la configuración misma de la docencia en las universidades presenciales, pero ello implica un compromiso que no se percibe ni en nuestra Universidad ni en la inmensa mayoría del resto de las universidades españolas, que no van más allá de la construcción de páginas web más o menos complejas.

Así, la virtualización parcial de las Universidades abre el camino a la realización de cursos de postgrado, incluidos los programas de doctorado, en los que la asistencia presencial se reduzca a los mínimos exigibles para asegurar un cierto conocimiento entre el alumnado y entre éste y el profesorado. Cursos que, por otra parte, pueden ofrecerse más allá de las fronteras ecológicas de las Universidades. En el caso de Extremadura, la vocación latinoamericanista de esta región puede encontrar una perfecta expresión en estos medios.

La propia enseñanza de las titulaciones puede beneficiarse ostensiblemente de las NTI. Uno de los últimos intentos de reforma de la LRU planteaba (no es seguro que en la definitiva Reforma sobre la que mariposea la actual Administración se incluya ese cambio) que entre un 20 y un 30 por ciento de los créditos fuesen de enseñanza asistida fuera del aula. A priori es una solución cínica a la masificación de nuestras Universidades, reduciendo las horas de docencia efectiva al profesorado en lugar de pagarle sueldos dignos y de contratar más profesores; pero, en el marco del impacto de las NTI, no es menos cierto que si todos los alumnos tuviesen acceso a Internet, sería posible sustituir una parte de las a veces aburridísimas sesiones presenciales por sesiones virtuales mucho más interactivas que, de paso, reducen los costes económicos (tanto para las familias como para a propia Universidad) y ambientales del desplazamiento masivo del alumnado, permitiéndoles organizar mejor su tiempo de estudio.

Los expertos en tecnología educativa plantean que una Universidad que pretenda no quedarse apartada del progreso tecnológico ya debería estar ofreciendo al menos los siguientes servicios:

- Información genérica: catálogos de organismos e instituciones internacionales afines y de recursos de formación.

- Información específica: catálogos de instituciones asociadas, de profesiones y puestos de trabajo, de cursos de las instituciones asociadas, de profesionales y expertos que participan y conexión directa con cada uno de ellos, paneles de anuncios especializados, etc.

- Plataformas de intercambio de conocimiento, y de encuentro entre profesionales: listas de discusión, conferencias electrónicas cerradas y abiertas, revistas y otras publicaciones electrónicas, etc.

- Actividades de formación y complementarias: servicio de orientación, distribución de materiales, conferencias y grupos de discusión, servicios de intercambio social, actividades de aprendizaje, tutoría, evaluación, etc.

- Servicio para la colaboración en la creación de nuevo conocimiento: organización de grupos profesionales para la investigación conjunta, creación cooperativa de materiales de aprendizaje, intercambio de resultados de la investigación, información de proyectos de I&D, etc.

Naturalmente, esa infraestructura exige de cuantiosas inversiones. Pero sólo las primeras universidades que opten por salir de la abulia tecnológica podrán aprovechar los todavía ingentes recursos que la Unión Europea destina al desarrollo de la Sociedad Telemática. Cuando las NTI formen parte de nuestra cotidianeidad, las que hayan quedado rezagadas quedarán definitivamente postergadas, porque no dispondrán de recursos suficientes y habrán visto además sustancialmente reducido el número de sus alumnos.

La primavera suele venir sin que sepamos cómo ha sido. Todos los años, desde hace miles de siglos, se repite el ciclo. Sin embargo, de las revoluciones tecnológicas conocemos su origen, cómo se producen, y a dónde conducen. Y sólo pasan una vez ante nuestra puerta. La responsabilidad de incorporarnos a ellas, o quedar estancados, es compartida (del Estado, las regiones, las Universidades, y también del propio profesorado), y el tiempo apremia. ¿Vamos a dejar, una vez más, que inventen ellos?

Anexo: lo que pudo ser y no fue

Antes aún de que preparase lo que hoy es la primera parte como clase magistral para mi oposición, estuve trabajando, en los tiempos en que andaba enredado con la gente del pionero proyecto Cibersociedad, en la preparación de un libro sobre Cibersociología. Pero se quedó en eso; llegue a trabajarlo con un colega virtual la posibilidad de hacerlo juntos, pero finalmente ambos seguimos otros derroteros. Creo que, por la estructura temática que plantea, puede ser de interés incluirlo en este volumen. Como en todo lo demás, tal cual. La fecha de la versión más reciente de la propuesta que trabajo que hacía es un fichero WordPerfect de 28 de Septiembre de 1999.

. . . .

Proyecto
CIBER SOCIOLOGÍA.
Una introducción (para sociólogos) a las nuevas tecnologías de la información

Introducción
UN NUEVO ECOSISTEMA

Primera Parte
UNA RED PARA LA SOCIOLOGÍA

Una revolución metodológica. Informática y

Sociología

El cambio que la introducción de la informática supone en los métodos de investigación sociológicos, a pesar de que se siguen enseñando las técnicas como hace veinte años.

Una serie de pasos (los más costosos en la investigación) se simplifican, se mecanizan e incluso se automatizan. Como ejemplo podría citarse las encuestas telefónicas semiautomáticas (CAT) que generan los resultados de forma instantánea. Estos cambios se deben tanto al desarrollo de las máquinas procesadoras de información (hardware) como, sobre todo, de la capacidad de programación de dichas máquinas (software)

El hardware

El necesario para el trabajo de un sociólogo, incluyendo las virguerías: PC, impresoras, escáner (para procesar cuestionarios por ejemplo), los zip y CDRW para almacenar información, las cámaras fotográficas y de vídeo digital para preparar documentos sociológicos gráficos

El software

Los programas de utilidad, desde los más populares hasta los más sofisticados. No se trata de explicar su funcionamiento, sino de describir sus características y 'censar' los más importantes, facilidad de uso, disponibilidad en español, costes, etc. (aquí aparecerá la primera sección de links, a las empresas de software, a los repositorios de shareware y freeware, a los lugares que reúnen documentación sobre el software, etc.).

- Los clásicos: tratamiento de textos, hoja de cálculo, base de datos, gráficos

- Los programas de análisis cuantitativo (estadística, como SPSS y los demás) y cualitativo (como NUDIST y los demás), que son ahora la revolución

- Los programas de diseño y automatización de encuestas y escalas

- Los programas de retoque fotográfico y diseño, para facilitar la comunicación y la enseñanza

- Los programas de dictado automático

- Los programas de gestión de proyectos, de agenda, etc.

- Una referencia al shareware y el freeware como alternativa

Un paso más allá. La Sociología telemática

La popularización de la Internet como un avance que, en poco tiempo, supone un nuevo salto cualitativo, en la medida en que permite la difusión y el acceso a fuentes de información antes inalcanzables (la redistribución de la información); el contacto y el trabajo transcultural con costes muy bajos (la colaboración a distancia entre investigadores), y especialmente la difusión de los resultados de la investigación, acelerando así los procesos de avance científico en nuestra materia. De nuevo, el avance depende de dos variables: la infraestructura física (el hardware) y los programas.

El hardware

El desarrollo y extensión de la fibra óptica como infraestructura fundamental. El módem. Las redes internas y externas. Las videocámaras. Hay que hablar de las necesidades, acceso (por ejemplo, los sistemas de acceso gratis, los más rápidos, los públicos y los privados, etc.), costes, etc.

El software

De nuevo, se trata de una introducción a los programas necesarios, con sus aspectos básicos, y en este caso (que es el auténtico objeto de nuestro trabajo) incluso algunos rudimentos de su uso.

- Software de comunicaciones /conexión

- Software de navegación

- El correo electrónico y las listas de noticias, los servidores de mensajes (tablones) como comunicación diferida

- El chat, NetMeeting, ICQ, IRC, sistemas de videoconferencia y otros sistemas de comunicación inmediata

- Los programas de traducción

- Los programas de diseño de páginas, pero además haciendo especial referencia a los programas de gestión de grandes bases de datos a través de la red

Los efectos

En este apartado se trata de hablar, exclusivamente con base a ejemplos, de las posibilidades de aplicación de todo eso:

- Congresos virtuales (se ha hecho un congreso mundial)

- La creación de redes globales especializadas de expertos. La propia búsqueda de expertos

- Búsquedas bibliográficas y búsqueda de datos estadísticos

- El aula virtual (hay por ahí ya un curso de Sociología en la red), la experiencia de la UOC, etc..Las actividades en la red de las asociaciones de estudiantes... Por supuesto también el pirateo

- Revistas en línea
- La investigación en equipos virtuales (contar nuestro caso)

Segunda parte
SOCIOLOGÍA EN LA RED

Esencialmente se tratará de un gigantesco directorio de recursos, bien organizado según los temas y especializaciones sociológicas, e incluso si es posible incluyendo temas complementarios (como economía, ciencias de la información o medio ambiente...)

Hay que preparar por tanto un temario lo más completo posible. Primero de los grandes temas ... No. Mejor habría que construirlo en términos de base de datos, como una simple lista. Junto a la descripción y valoración de cada uno de los lugares se le añadirán una serie de palabras clave para su posterior indexación. En el libro (y en el CD iría todo el listado con sus detalles, y al final una serie de listas, en letra muy pequeñita, según grandes áreas temáticas, donde podrían aparecer repetidos en varias áreas más de un lugar. Por ejemplo (la denominación de las variables puede ser otra, o pueden incluirse más, o menos...):

67. El paraíso sociológico

http:...............

Un fascinante lugar, con un diseño magnífico que utiliza las últimas tecnologías (lo cual limita el acceso a muchos navegantes de los países iberoamericanos, que no cuentan con hardware y redes potentes), muy legible, ... con recursos de esto y de lo otro, mantenido por pepito/a, que además es muy simpático/a y atiende a las críticas y sugerencias, y la actualiza mucho, o poco, o nada, etc...

Velocidad de carga: muy lenta, lenta, media, rápida, muy rápida

Fecha de la última revisión:

Fecha de nuestra visita:

Media diaria de visitas:

Visitas desde su creación: (fecha de creación)

Propietario: persona o institución

Nombre y e-correo del gestor:

Palabras clave: métodos, software de estadística, teoría, sociología del conocimiento, cibersociología

128. El infierno sociológico
htt....

Un lamentable lugar, con una estética feroz y cateta, pionero pero que no se actualiza desde 1997 y que parece que tiene mucho, porque está en muchos directorios, pero apenas tiene cuatro cosas y links ya obsoletos

Propietario :..............

Palabras clave: sociología en España, sociología en Iberoamérica, enseñanza a distancia, métodos

Índice temático de lugares

Métodos (de investigación): 68,128,234
Sociología en España: 2,5,7,....

¿Está claro el método? ¿Lo ves viable técnica-
mente?

Tercera Parte
SOCIOLOGÍA DE LA RED

Estoy trabajando en el detalle de esta última
parte.

Sobre los autores

Artemio Baigorri Agoiz es sociólogo, licenciado en CC. Políticas y Sociología (especialidad de Psicología Social), Doctor en Sociología y Diplomado CC de la Información. Profesor en la Universidad de Extremadura.
https://textosdeartemiobaigorri.blogspot.com/

Ramón Fernández es sociólogo, Licenciado en CC Políticas y Sociología y profesor en la Universidad de Extremadura

Mar Chaves es socióloga, Diplomada en Trabajo Social y Licenciada y Doctora en Sociología, y profesora en la Universidad de Extremadura.

Otros títulos del proyecto transeditorial LCS

1 ¿Quién apaga la luz? Generaciones y Medio Ambiente (Editamás)

2 Modelo europeo de Bienestar (Editamás)

3 Ciudadanía y voluntariado senior (Editamás)

4 Allah (Alá) en Europa (Editamás)

5 Sociología de los Recursos Humanos (Amazon)

6 Innovación en docencia de la Sociología *(en preparación)* (Editamás)

www.ingramcontent.com/pod-product-compliance
Lightning Source LLC
Chambersburg PA
CBHW070927260726
48661CB00003B/865